Olivier Flangeras

de l'image à la décision

de l'image à la décision

analyse des images numériques et théorie de la décision

par
Jack-Gérard POSTAIRE
Professeur à l'université des
Sciences et Techniques de Lille

DUNOD
informatique

Mc Graw-Hill, Inc
attn. of Lynne Rabinoff
1221 av. of Americas , NY.
NY 10020
USA

Mc Graw-Hill, Inc
attn: Gill BINDING
Shoppenhangers road
MAIDENHEAD
Berkshire SL6 2QL
G.B.

Société BORDAS et DUNOD
Direction des Editions Dunod
17 rue Rémy-Dumoncel attn: Maryvonne VITRY
B.P. 50
75661 Paris Cedex 14
(-43 20 15 50-)

ISBN 2-04-016504-5

TABLE DES MATIERES

AVANT-PROPOS V

NOTATIONS IX

CHAPITRE I : LA VISION ARTIFICIELLE

I.1. Vision et automatisation....................1

I.2. L'image numérique....................4

I.3. Extraction de l'information utile....................9

I.4. L'analyse des images....................12

Bibliographie....................15

CHAPITRE II : ANALYSE DES IMAGES ET THEORIE DE LA DECISION

II.1. Un exemple : le contrôle de qualité....................19

II.2. Propriétés élémentaires des points-image....................21

II.3. Décisions en analyse des images....................28

II.4. Classement et classification....................33

II.5. Approche statistique et approche métrique....................34

Bibliographie....................37

CHAPITRE III : CLASSEMENT, CLASSIFICATION ET THEORIE DE LA DECISION

III.1. Introduction....................39

III.2. Théorie de la décision....................43

III.3. Fonctions discriminantes..47

III.4. Probabilité d'erreur..51

Bibliographie..54

CHAPITRE IV : CLASSEMENT PAR APPRENTISSAGE

IV.1. Le choix d'un modèle..55

IV.2. Les distributions normales..56

IV.3. Estimation des paramètres d'une distribution normale....................60

IV.4. Classement optimal paramètrique..63

IV.5. Estimation non paramétrique des fonctions de densité....................64

IV.6. Classement optimal non paramétrique..74

Bibliographie..76

CHAPITRE V : CLASSIFICATION AUTOMATIQUE NON PARAMETRIQUE

V.1. L'approche non paramètrique..77

V.2. Estimation du gradient d'une fonction de densité....................83

V.3. Classification par la méthode du gradient..86

V.4. Détermination de la concavité d'une fonction de densité....................87

V.5. Classification par détermination de la convexité des fonctions de densité..90

V.6. Conclusion..95

Bibliographie..96

CHAPITRE VI : CLASSIFICATION AUTOMATIQUE PARAMETRIQUE

VI.1. Introduction..99

VI.2. Identification d'une distribution normale
par analyse de la convexité..100

VI.3. Identification des mélanges gaussiens
par analyse de convexité..106

VI.4. Classification optimale..110

VI.5. Classification automatique et analyse des images..113

Bibliographie..115

CHAPITRE VII : SELECTION DES ATTRIBUTS ET SEGMENTATION DES IMAGES

VII.1. La segmentation des images..117

VII.2. Reconstitution des régions..119

VII.3. Segmentation des images en couleur..121

VII.4. Détection des contours..122

VII.5. Segmentation par étiquetage probabiliste..132

VII.6. Conclusion..137

Bibliographie..139

CHAPITRE VIII : ANALYSE DES TEXTURES ET SEGMENTATION

VIII.1. Notion de texture....143

VIII.2. Analyse de textures....145

VIII.3. Segmentation par analyse de texture....156

VIII.4. Conclusion....158

Bibliographie....160

CHAPITRE IX : ANALYSE MORPHOLOGIQUE ET RECONNAISSANCE DES FORMES

IX.1. La reconnaissance des formes et analyse des images....163

IX.2. Un exemple : le tri d'objets....164

IX.3. fonction caractéristique et contour d'une forme binaire....167

IX.4. Attributs morphologiques métriques....170

IX.5. Moments des fonctions caractéristiques....173

IX.6. Propriétés statistiques de la fonction image caractéristique....174

IX.7. Description des contours....175

IX.8. Reconnaissance des formes et théorie de la décision....179

Bibliographie....181

INDEX....183

AVANT-PROPOS

Nouvellement venue dans la panoplie des outils de la productique, la vision artificielle annonce, dès aujourd'hui, la venue de nouvelles générations de machines automatiques dotées de capacités visuelles. Voir, pour agir sur l'environnement, sera l'une des tâches essentielles de ces machines qui communiqueront avec l'homme par le son comme par l'image.

Un système de vision artificielle met en oeuvre une ou plusieurs caméras qui captent les images et un ou plusieurs processeurs qui les interprètent. Les applications de tels systèmes sont, dès à présent, illimitées. Outil privilégié de surveillance, le système de vision trouve également sa place en bureautique où il permet la saisie automatique de messages. En inspectant les produits manufacturés pour y détecter les défauts, il contribue à l'objectif de qualité totale. Couplé à des équipements robotisés, le système de vision permet de manipuler des objets et des outils pour fabriquer, assembler ou emballer.

Des centaines de produits, allant de l'automobile au fer à repasser, de l'ustensile de vaisselle au plat surgelé, du vêtement à la chaussure, de l'ordinateur à l'ampoule électrique seront ainsi fabriqués chaque jour de manière plus fiable et plus rentable.

Le propos de cet ouvrage n'est pas de présenter les machines de vision et d'explorer leurs multiples domaines d'application actuels ou à venir. Par delà l'aspect souvent spectaculaire de certaines réalisations, cet ouvrage est essentiellement consacré aux méthodologies de l'analyse des images numériques dont la maîtrise permet de tirer le maximum des systèmes de vision. Le chemin qui mène de l'image à la décision, c'est-à-dire de la perception visuelle à l'action adaptée à la situation est exploré sur un plan scientifique.

Au cours des dernières décennies est apparu, sous la pression des grandes mutations technologiques, un ensemble de disciplines fortement interdépendantes, portant sur le traitement de l'information, la théorie de la décision et les méthodes de reconnaissance des formes. Ces disciplines, très liées à l'automatique sur le plan purement scientifique, et à l'informatique industrielle sur le plan technique, revêtent une importance de plus en plus grande aux yeux des ingénieurs et scientifiques travaillant sur tous les aspects de la productique et de l'automatique.

Ce livre s'adresse en priorité aux ingénieurs désirant dépasser l'approche purement descriptive des sytèmes de vision. Ils y trouveront, rassemblés en un seul ouvrage, les principes de base du traitement numérique des images et une méthodologie pour en interpréter le contenu.

D'autre part, les étudiants et chercheurs travaillant dans les domaines du traitement des images et de la reconnaissance des formes trouveront dans cet ouvrage les notions de base, exposées avec le souci de limiter l'aspect théorique au strict nécessaire, mais sans concession vis à vis de la rigueur scientifique.

*

* *

Au terme de cet avant-propos, je désire remercier tous ceux qui m'ont aidé dans la préparation de cet ouvrage, tout particulièrement MM. AMEZIANE et TOUZANI, et ceux qui permirent à cet ouvrage d'exister : Mme PIGNON et M. COULON.

1

La vision artificielle

I.1 VISION ET AUTOMATISATION

En donnant à la machine la possibilité de voir, l'homme a certainement franchi un pas important dans l'automatisation de ses tâches quotidiennes. En quelques années, les progrès techniques, tant au niveau des caméras que des systèmes informatiques de traitement des images numériques, ont permis un élargissement considérable du champ d'application de ce qu'il est convenu d'appeler la Vision Artificielle ou la Vision Assistée par Ordinateur (V.A.O)/1,2,3 /.

Les systèmes de vision font partie intégrante de la panoplie des moyens technologiques modernes au service de la production automatisée. Dans les secteurs industriels les plus variés, des machines de vision sont couramment utilisées pour réaliser des tâches d'inspection et de contrôle de qualité /4,5,6/, des opérations de tri automatique /7/ ou encore pour guider des équipements robotisés /8,9,10/. En bureautique, si les machines de vision ne permettent pas encore la lecture courante de pages manuscrites de présentation quelconque, elles constituent néanmoins une aide précieuse pour la lecture automatique de codes et écritures codifiées /11/.

La productique et la bureautique représentent certainement le plus vaste potentiel d'applications de la vision artificielle au cours des années à venir. Il existe cependant d'autres domaines d'application où elle s'avère indispensable. Les images en provenance des sondes spatiales et autres satellites nécessitent des traitements numériques sophistiqués pour être transmises et dépouillées, que ce soit pour la météorologie, les inventaires agricoles ou l'exploration spatiale /12/. Dans le domaine médical, de nombreux laboratoires effectuent leurs analyses de routine sous microscope avec l'aide de systèmes de vision qui reconnaissent et dénombrent différents types de cellules /13/. La visualisation et l'analyse d'images radiologiques médicales constituent également un champ d'applications privilégié des techniques les plus sophistiquées de traitement des images.

D'autre part, on envisage de plus en plus de confier des tâches de surveillance à des systèmes de vision. Qu'il s'agisse de la surveillance de l'aire de travail des machines automatiques pour des raisons de sécurité, ou de la surveillance de locaux, de voies de circulation, il est indéniable que la vision artificielle apporte déjà des solutions satisfaisantes à des problèmes délicats /14,15,16,17/.

Le pilotage automatique de robots mobiles dotés du sens de la vision constitue sans doute le domaine d'application le plus ambitieux de la vision artificielle /18,19/. Si ces robots ne quittent guère aujourd'hui les laboratoires de recherche, il est probable qu'on leur confiera bientôt des tâches d'intervention en milieux hostiles, que ce soit sous la mer, dans l'espace ou au coeur des centrales nucléaires.

Il serait très difficile de dresser une liste exhaustive des applications opérationnelles et potentielles de la vision artificielle, tant cette nouvelle technologie est capable de s'adapter pour répondre aux besoins d'automatisation les plus variés grâce à la flexibilité et la qualité des matériels disponibles sur le marché. Cependant, quelle que soit l'application envisagée, le traitement de l'information optique par une machine automatique repose sur les mêmes principes.

Schématiquement, on peut considérer que, partant d'une information brute très volumineuse et difficile à manipuler, la machine doit analyser l'image qui lui est soumise afin d'en décrire et interpréter le contenu. La multitude des approches proposées dans la littérature pour aborder l'analyse des images numériques peut déconcerter le néophyte qui constate vite que la plupart des techniques utilisées sont de nature essentiellement heuristique. Le but principal de cet ouvrage est d'unifier certaines des approches les plus utilisées en les situant dans le cadre de la théorie de la décision.

La présentation de ce livre est donc centrée sur l'étude des problèmes de prises de décision rencontrés en vision artificielle. Nous commençons par étudier, dans ce premier chapitre, l'image numérique constituée d'un ensemble de points-image où l'on a accès à l'intensité lumineuse locale de l'image. Les premiers problèmes de décision rencontrés sont relatifs au traitement de cette image numérique par analyse des niveaux de gris de l'ensemble de ses points-image. En s'appuyant sur un exemple industriel de contôle de qualité, le second chapitre montre comment l'analyse d'un ensemble de paramètres caractéristiques (ou attributs) mesurés ou calculés en chaque point-image permet de décomposer l'image en régions d'aspect visuel uniforme et homogène. Cette phase de segmentation apporte l'indispensable compression de l'information sans laquelle l'exploitation des images nécessiterait des moyens de calcul prohibitifs. Etape fondamentale de l'analyse des images, la segmentation est abordée comme un problème de classement ou de classification automatique de points-image. Elle s'inscrit ainsi dans le cadre formel de la théorie de la décision présentée au chapitre III.

La sélection des attributs, comme le choix d'une méthode pour classer les points d'une image, sont intimement liés à l'application considérée. Dans les procédures de classement exposées au chapitre IV, on confronte les attributs mesurés ou calculés sur les points de l'image à des connaissances de référence établies au cours d'une phase d'apprentissage. Les chapitres V et VI présentent des procédures de classification qui permettent de s'affranchir de cette phase d'apprentissage, parfois coûteuse, sinon impossible à mettre en oeuvre comme le montre un exemple industriel d'inspection automatique.

L'étape la plus délicate du processus de traitement des images est exposée aux chapitres VII et VIII. En tenant compte du type d'analyse et des résultats attendus, il s'agit de sélectionner des attributs pour caractériser les points-image. Ces attributs doivent être aussi discriminants que possible afin de distinguer et différencier les différentes régions présentes dans l'image. Bien que le choix des attributs ne puisse souvent être justifié que par la qualité des résultats obtenus, ces deux chapitres permettent d'orienter l'analyste vers des solutions éprouvées.

La dernière phase d'une procédure d'analyse d'image, celle qui débouche sur la description et l'interprétation de la scène considérée, consiste finalement à déterminer la signification des différentes régions mises en évidence dans l'image segmentée. En prenant comme exemple une tâche de tri automatique, le chapitre VIII aborde ce problème sous l'angle statistique de la reconnaissance des formes. En définissant une forme par un ensemble d'attributs mesurés et calculés à partir de son image, on situe le problème de sa reconnaissance dans le cadre général de la théorie de la décision. Cette approche permet d'utiliser les procédures de classement et de classification exposées du chapitre III au chapitre VI. Ces procédures assurent des prises de décision optimales qui minimisent le risque d'erreur au cours du processus de reconnaissance.

L'ensemble de l'ouvrage est donc construit autour de la notion de décision abordée dans un contexte statistique. En partant d'exemples concrets d'automatisation par vision artificielle, on analyse la nature des problèmes de décision , les contraintes imposées et l'information disponible dans les situations les plus fréquemment rencontrées. Effectuer un choix en sélectionnant une décision parmi toutes celles qui sont possibles, choisir la décision optimale à tous les stades de l'analyse d'une image, évaluer les performances de cette décision; tous ces problèmes sont abordés sous l'angle de la théorie de la décision qui permet d'introduire les outils d'analyse et de modélisation de la majorité des situations décisionnelles auxquelles le praticien peut se trouver confronté.

I.2. L'IMAGE NUMERIQUE

Lorsqu'un appareil photographique recueille l'image d'une scène, les rayons lumineux issus de chaque point de cette scène sont dirigés par l'objectif vers les points correspondants de l'image. Les points de la scène situés à une distance u de l'objectif produisent des points-image à une distance v à l'arrière de l'objectif et on a la relation :

$$1/f = 1/u + 1/v$$

où f est la distance focale de l'objectif. Si les points de la scène sont relativement éloignés de l'objectif, $1/u$ devient négligeable et tous les points-image se trouvent dans un plan-image situé à une distance $v = f$ de l'objectif.

On peut alors considérer l'image en noir et blanc formée dans ce plan comme une fonction de deux variables. En effet, en dotant le *plan-image* de deux axes de coordonnées rectangulaires Ox et Oy, on peut définir une *fonction-image* g(x,y) , proportionnelle à l'intensité lumineuse reçue par le point A(x,y) de coordonnées x et y . Cette intensité est également appelée *niveau de gris* ou luminosité. Ainsi, d'un point de vue formel, une image est définie par sa fonction-image à laquelle on ne peut accéder qu'en mesurant la lumière recueillie sur le plan-image en y plaçant un capteur photosensible. Parmi les capteurs les plus utilisés, nous retiendrons :

- les matrices d'éléments photosensibles dont chaque composant traduit la luminosité qu'il reçoit sous la forme d'une charge électrique. Ces charges sont transportées par un système de registres à décalage vers la sortie où l'image défile point par point sous la forme d'un signal électrique (cf figure I.1.)

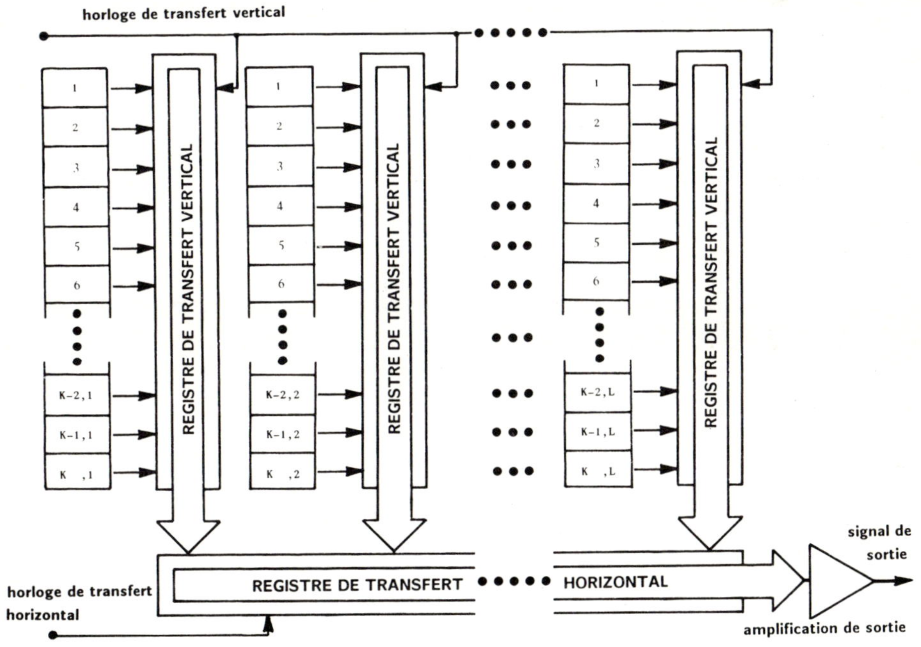

Figure I.1 : Organisation d'un capteur matriciel à éléments photosensibles à L lignes et K colonnes.

- les tubes photosensibles où l'élément actif est la cible constituée d'une électrode plane recouverte d'un produit photoconducteur. L'intensité lumineuse reçue en chaque point de cette cible provoque une accumulation de charges électriques, créant ainsi "une image électrique". Celle-ci est lue séquentiellement par un faisceau d'électrons qui balaie la cible ligne par ligne. Ce faisceau, en restituant la charge initiale de la cible, engendre un courant proportionnel à la lumière reçue en chaque point entre deux balayages successifs (cf figure I.2.)

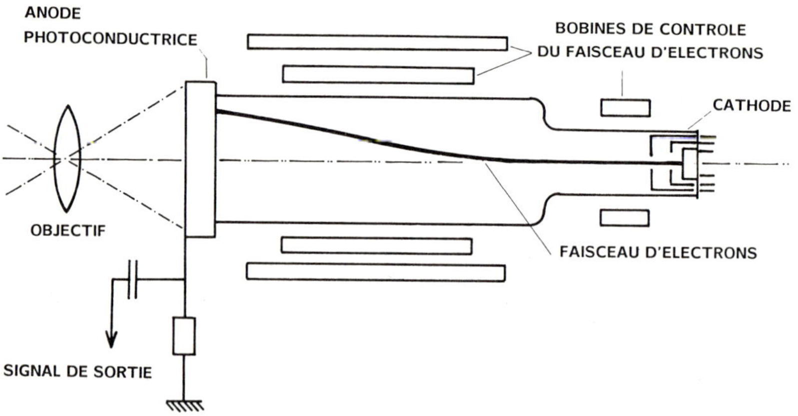

Figure I.2.:Principe d'un tube photosensible.

La *numérisation* d'une image peut être obtenue par une simple conversion analogique-numérique de la sortie du capteur. La synchronisation du balayage de l'image avec le convertisseur permet d'échantillonner la fonction-image en un nombre de points fini dans le plan x-y et de mémoriser les valeurs ainsi obtenues. En général, le dispositif de numérisation assure une *discrétisation spatiale* sur un réseau de cellules élémentaires carrées adjacentes couvrant toute la surface de l'image (cf figure I.3.). Chaque valeur numérisée représente alors sensiblement la luminosité moyenne reçue par une cellule élémentaire. Pour simplifier, nous assimilons ces cellules à leurs centres, ce qui conduit à la notion de *points-image* *, c'est-à-dire de points où l'on mesure la luminosité de l'image et qui permettent sa discrétisation spatiale. Lorsque les points-image sont ainsi définis par les noeuds d'un réseau carré, le format de l'image est spécifié par le nombre L de lignes et le nombre K de colonnes de ce réseau. Les formats d'image les plus usuels sont :

Note : On utilise parfois les abréviations "pel" pour "point élémentaire" d'une image, et "pixel",en anglais, pour "picture element".

→ alors ! parlez comme tout le monde, svp !

32 x 32 ; 100 x 100 ; 256 x 256 ; 512 x 512,

mais on trouve également des réseaux rectangulaires de dimensions :

188 x 244 ; 388 x 488 ; etc....

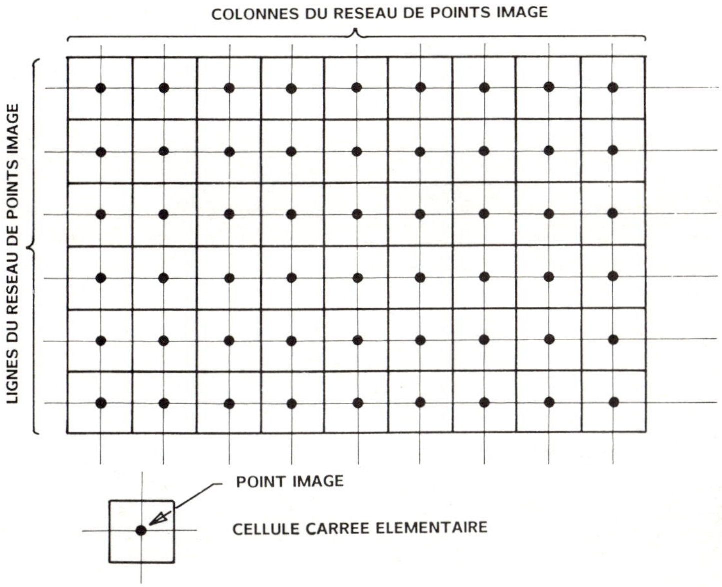

Figure I.3. : Réseau de discrétisation spatiale d'une image.

Lorsque la discrétisation spatiale est définie, l'intensité lumineuse reçue par chaque point-image est une grandeur analogique qu'il s'agit de numériser. En général, on peut considérer qu'une fonction-image peut prendre toute valeur entre un minimum (le noir) et un maximum (le blanc). La manière la plus simple pour numériser l'image est alors de diviser la plage totale de variation de la luminosité, du noir au blanc, en un nombre donné d'intervalles égaux adjacents. Un codage sur P éléments binaires permet de définir 2^P niveaux de gris différents . Avec P = 6 , on obtient ainsi 64 niveaux de gris étagés entre le noir et le blanc, ce qui correspond approximativement au pouvoir de discrimination de l'oeil humain. Avec 8 éléments binaires, on définit 256 niveaux de gris, augmentant ainsi la finesse de la quantification.

Une image peut être ainsi mémorisée sous la forme d'un tableau à L lignes et K colonnes dont les éléments g(k,l) ; k = 1,2,.., K et l = 1,2,.., L indiquent les niveaux de gris quantifiés aux points-image A(k,l) . Les valeurs des éléments du tableau représentent donc la fonction-image analogique g(x,y) après échantillonnage. Les valeurs de g(k,l) ; k = 1,2,..,K et l = 1,2,..,L constituent la fonction-image numérique ou plus simplement *l'image numérique*.

(a)

(b)

Figure I.4.:

(a) Image analogique du chiffre 3 manuscrit

(b) Image numérique obtenue sur 64 niveaux de gris avec une discrétisation spatiale sur 64 lignes et 64 colonnes.

Le nombre de lignes L , le nombre de colonnes K et le nombre 2^P de niveaux de gris utilisés pour numériser une image permettent de déterminer la capacité de stockage nécessaire à sa mémorisation. On considère souvent qu'une résolution de 512 lignes et 512 colonnes constitue un compromis satisfaisant entre la finesse de la représentation numérique et la quantité d'information à manipuler. Ce format nécessite un tableau de plus de 250 000 nombres de 6 éléments binaires si on mémorise une image avec 64 niveaux de gris. Il faudra plus de deux millions d'éléments binaires pour mémoriser la même image codée sur 256 niveaux de gris, soit plus de 256 K-octets de mémoire. On voit donc que le traitement des images numériques nécessite des calculateurs puissants, capables de manipuler des quantités d'informations importantes en des temps très courts.

Afin d'illustrer le processus de numérisation, la figure I.4. présente l'image analogique d'un chiffre manuscrit et son image numérisée avec 64 niveaux de gris. L'image numérique est, bien sûr, un tableau de nombres. Celui-ci a été représenté en visualisant le réseau de cellules élémentaires servant à la discrétisation spatiale sur l'écran d'un moniteur. Dans cette représentation, chaque cellule présente l'un des 64 niveaux de gris utilisés pour quantifier l'image analogique. Cette représentation des images numériques est très souvent utilisée. Elle permet de visualiser de manière simple le résultat des procédures de traitement numérique.

I.3. EXTRACTION DE L'INFORMATION UTILE

Il est évident que les images brutes mémorisées par un système de vision contiennent une quantité d'information souvent trop importante pour être utilisable.

Prenons l'exemple de la lecture automatique de caractères manuscrits avec une caméra qui permet de capter l'image de chaque signe à reconnaître. La fonction du système de vision est d'identifier le caractère observé parmi les 38 possibilités qui lui sont offertes, à savoir les 27 lettres de l'alphabet, les 10 chiffres et l'absence de l'un de ces 37 signes.

Partant de l'important volume d'information que représente l'image du caractère à reconnaître, le système aboutit à un résultat simple : l'identité du caractère, c'est-à-dire la seule information utile dans le contexte de la lecture automatique.

L'approche la plus directe pour réaliser cette lecture consisterait à comparer point par point l'image du caractère observé avec les 37 images de 37 caractères de référence. On conçoit aisément que cette méthode, malgré sa simplicité, est très sensible aux variations de forme entre les caractères manuscrits et les caractères de référence. On préfère généralement une approche plus robuste qui se décompose en plusieurs phases selon le schéma suivant :

- Numérisation et mémorisation de l'image.

Au niveau du caractère écrit sur le papier, l'information est de dimension infinie. L'image numérisée et mémorisée représente encore une grande quantité d'information, mais celle-ci est de dimension finie.

- Segmentation de l'image

Il s'agit de distinguer les points de l'image qui représentent le caractère de ceux qui constituent le fond. Une décision est prise au niveau de chaque point-image pour déterminer son appartenance au caractère observé ou au fond. Des taches sur le papier ou une écriture peu nette peuvent rendre cette discrimination délicate. En isolant le caractère de son contexte, on obtient une *image binaire* dans laquelle les points appartenant au caractère sont repérés par un niveau noir (niveau O) et ceux relatifs au fond par un niveau blanc (niveau 1). Il y a donc une importante réduction de l'information par suppression de l'échelle des niveaux de gris et représentation de l'objet par une image numérique codée sur deux niveaux : le noir et le blanc (cf. figure I.5).

- Extraction des attributs de forme

Cette phase consiste à déterminer un cerain nombre de paramètres caractérisques de la forme des lettres et des chiffres. Ces attributs de forme doivent permettre de différencier efficacement les 37 caractères de référence. Insensibles aux translations et rotations des caractères dans le champ de la caméra, ils doivent être peu sensibles aux particularités graphiques de chaque écriture.On peut utiliser des attributs comme le rapport de la largeur sur la hauteur du caractère, le périmètre de son image comparé à sa surface, le nombre de boucles, leur surface, etc...

A ce niveau, la procédure apporte une nouvelle compression de l'information puisqu'un nombre limité d'attributs suffit pour caractériser des formes décrites, après segmentation, par les listes souvent longues des coordonnées des points-image qui les constituent.

- Identification des caractères

Dans cette dernière étape, on confronte les attributs extraits du caractère observé à ceux extraits de chacun des caractères de référence. La décision sur l'identité d'un caractère repose sur une mesure du degré de similitude entre l'ensemble des attributs relatifs au caractère à reconnaître et les attributs caractéristiques des 37 modèles de référence. A l'issue de cette décision finale, la seule information retenue est l'identité du caractère lu (l'absence de similitude avec l'un au moins des 37 modèles conduira à la non reconnaissance d'un caractère alphanumérique).

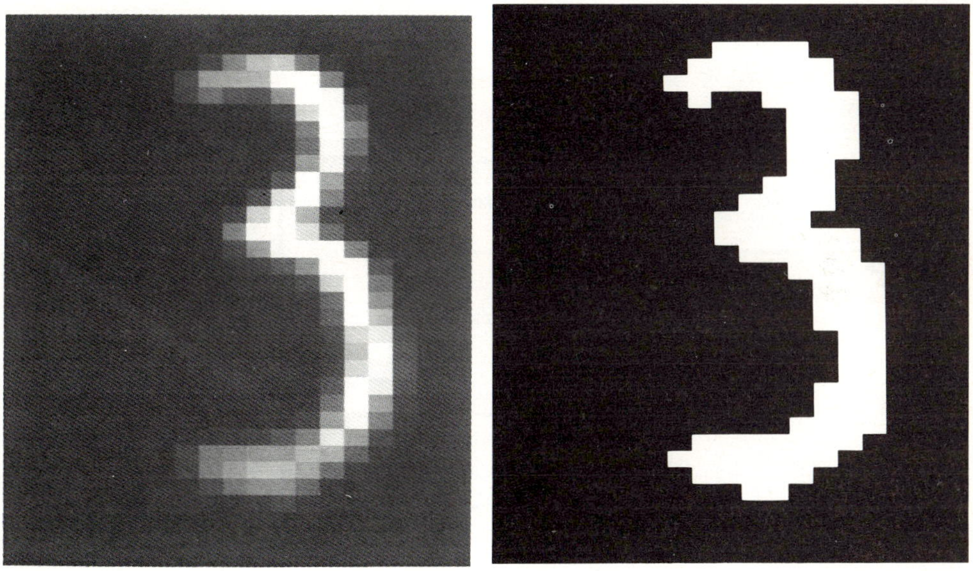

(a) (b)

Figure I.5. : Binarisation d'une image numérisée sur 64 niveaux de gris.
(a) Image numérique
(b) Image binaire.

Par rapport à la procédure de comparaison d'images, cette stratégie réduit considérablement le volume d'information à conserver pour mémoriser les formes des 37 caractères de référence. Elle permet de reconnaître les caractères quelles que soient leur position et leur orientation dans le champ de la caméra et tolère des variations non négligeables dans le graphisme de l'écriture.

La figure I.6. montre comment le flux d'information diminue tout au long de la procédure d'analyse d'image, partant de l'image d'un caractère pour aboutir finalement à sa reconnaissance. Dans tous les processus de vision que nous étudierons, nous retrouverons cette réduction progressive de la quantité d'information manipulée qui, par une série de décisions successives, permet d'extraire d'une image repésentant le monde physique de dimension infinie l'information utile à l'application envisagée.

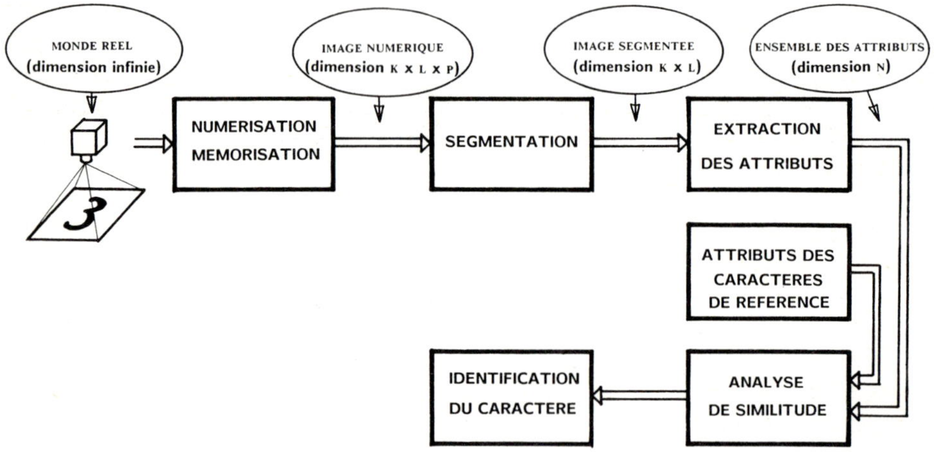

Figure I.6. : Schéma de principe du processus de reconnaissance automatique de caractères.

I.4. L'ANALYSE DES IMAGES

Le but d'une procédure d'analyse d'image est d'obtenir une description ou une interprétation d'une scène à partir de l'information extraite de son image.

Si l'image est celle d'une préparation microscopique pour une numération cytologique, l'analyse de cette image doit indiquer le nombre de chaque type de cellules présentes dans le champ d'observation. Cette procédure nécessite la localisation et la reconnaissance des différentes cellules observées /13/.

Si l'image est celle d'un tissu en cours d'inspection automatique en sortie d'un métier à tisser, son analyse doit indiquer le nombre et le type de défauts apparaissant dans le champ de la caméra. Cette procédure nécessite le repérage et l'identification des défauts de tissage /20,21/.

S'il s'agit d'une photographie aérienne d'une aire géographique, l'analyse doit fournir une carte indiquant les étendues d'eau, les forêts, les zones cultivées, les zones urbaines, les routes et voies ferrées, etc... Ici encore, ces résultats ne peuvent être obtenus que par localisation et identification des différentes régions constituant l'image /22/.

Si l'image est celle de composants en vrac planaire alimentant un processus d'assemblage automatique pour l'industrie électronique, l'analyse doit permettre d'élaborer un plan d'action pour un robot chargé de saisir les composants pour les implanter sur leurs supports respectifs. Cette procédure nécessite aussi la localisation des différents composants et leur identification.

Pour tous ces exemples, la description recherchée fait référence à des *régions* de l'image qui se distinguent les unes des autres sur la base de leur aspect visuel. L'apparente facilité avec laquelle le système de perception visuelle de l'homme est capable de distinguer, différencier et interpréter les différentes régions constitutant une image est à la fois stimulante et frustrante pour celui qui cherche à confier cette tâche de segmentation à une machine automatique.

On ne connait pas encore en profondeur les mécanismes de la perception visuelle chez l'homme et il serait vain de tenter de définir des critères généraux pour segmenter les images. Il n'y a pas de procédure universelle pour effectuer ce type d'analyse et on ne peut juger de l'efficacité d'une technique particulière que par l'intérêt de la segmentation obtenue dans le cadre de l'application considérée.

Force est de constater que les descriptions basées sur la décomposition d'une image en régions plus ou moins homogènes au sens de certains critères visuels permettent, dans de nombreux cas, de reconnaître des sous-ensembles ou des objets significatifs dans la scène analysée.

L'analyse d'une image est donc souvent envisagée comme une procédure de décomposition en régions homogènes qu'il s'agit ensuite d'identifier ou de reconnaître. De nombreuses techniques de segmentation s'appuient sur des décisions prises au niveau des points-image sur la base des propriétés de ces points eux-mêmes, de leur voisinage, et de leur arrangement spatial. Ces méthodes, qui font appel à des modèles décisionnels de nature statistique, permettent de regrouper les points d'une même image en classes statistiquement homogènes. Il s'agit ensuite de simplifier l'image numérique en la partitionnant en régions distinctes. Dans les cas simples, chaque région est constituée de points-image appartenant à la même classe et adjacents les uns aux autres. La description des régions ainsi obtenues par des attributs reflétant leur forme, leur taille, leur aspect visuel, etc..., doit finalement permettre d'identifier les composantes de la scène représentée par l'image analysée. Cette dernière phase rejoint la reconnaissance des formes et nécessite également des précautions au niveau des prises de décision qui conduisent à la description finale de la scène analysée.

BIBLIOGRAPHIE

/1/ KIJNER, S. (I)
V.A.O. : la vision assistée par ordinateur - le traitement d'images.
I : Echantillonnage, codage, restauration d'une image
Micro-systèmes - pp 114 - 135 - Novembre 1983

/2/ KIJNER, S. (II)
V.A.O. : la vision assistée par ordinateur - le traitement d'images.
II : Extraction de l'information et reconnaisance des formes.
Micro-systèmes - pp 125 - 142 - Décembre 1983

/3/ LAURGEAU, C. et PARENT, M.
Les machines de vision en productique
E.T.A. Strasbourg - 271 p- Juin 1985

/4/ CHIN, R.T.
Automated visual inspection techniques and applications : a bibliography
Pattern Recognition, Vol. 15, n 4, pp 343-357, 1982

/5/ CHIN, R.T. and HARLOW, C.A.
Automated visual inspection : a survey
IEEE Trans. on Pattern Analysis and Machine Intelligence, Vol. PAMI-4, n 6, pp 557-573, november 1982

/6/ BATCHELOR, B.G., HILL, D.A. and HODGSON, D.C.
Automated visual inspection
North-Holland Pub., 1984

/7/ HOLLINGUM, J.
Machine vision, the eye of automation
Springer Verlag, 1984

/8/ SCHREIBER
Robot Vision : an eye to the future
Robotics today - pp 53-57 - June 1983

/9/ VILLERS, P.
Reçent proliferation of industrial artificial vision applications
13th Symposium on Industrial Robots, Chicago. Illinois. USA
- April 1983

/10/ PUGH, A
Robot Vision
Springer Verlag, 1983

/11/ ULLMANN, J.R.
Advances in character recognition
Applications of Pattern Recognition, K.S.Fu, editor. C.R.C. Press, pp 197-236, 1983

/12/ FU, K.S.
Application of pattern recognition to remote sensing
Applications of Pattern Recognition, K.S.Fu, editor, C.R.C. Press, pp 66-103, 1983

/13/ KENDALL PRESTON, J.
Application of Pattern Recognition to Medical Data Analysis
Applications of Pattern Recognition, K.S.Fu, editor, C.R.C. Press, pp 169-196, 1983

/14/ WATERFALL, R.C. and DICKINSON, K.W.
Image processing applied to traffic : I. A general review
Traffic Engineering and Control, pp 6-13, January 1984

/15/ WATERFALL, R.C. and DICKINSON, K.W.
Image processing applied to traffic : II. Practical experience
Traffic Engineering and Control, pp 60-67, February 1984

/16/ POSTAIRE, J.G., STELMASZYK, P., BONNET, P. and DEPARIS,J.P.
A visual surveillance system for traffic collision avoidance control
IFAC Symposium on Control in Transportation Systems, Vienne, July 1986

/17/ STELMASZYK, P.
Analyse de scènes dynamiques par recherche des contours des objets en mouvement. Application à l'automatisation d'un tramway
Thèse de Doctorat, Université des Sciences et Techniques de Lille, 1985

/18/ FERRER, M.
Système multisenseur de perception 3D pour le robot mobile HILARE
Thèse de 3e cycle - Université P. Sabatier, Toulouse, 1982

/19/ BRIOT, M. et BOISSIER, L.
Capteurs pour robots automoteurs
Les Robots Automoteurs, Paris, 4 novembre 1983

/20/ HYMAN, A.
Automated optical inspection of knitted fabrics
Automated inspection and product control, Birmingham, U.K. - pp 177-184, 1985

/21/ WARD, P.J., HASHIM, A.A. and SCHOFIELD, B.
Expert systems in textile defect recognition
Automated inspection and product control, Birmingham, U.K. - pp 195-202, 1985

/22/ FU, K.S.
Syntactic pattern recognition and applications
Prentice-Hall, Englewood Cliffs, N.J., 1982

2

Analyse des images et théorie de la décision

II.1. UN EXEMPLE : LE CONTROLE DE QUALITE

Afin d'illustrer les types de problèmes couramment rencontrés par le praticien en analyse des images, considérons l'installation d'un système de contrôle de qualité à la sortie d'un four de cuisson continue de biscuits pour l'industrie alimentaire. Supposons que l'objectif soit de déterminer automatiquement le degré de cuisson et de contrôler la forme de chacun des biscuits sortant du four sur une bande transporteuse. Comparé au contrôle traditionnel par échantillonnage ou sondage, le contrôle systématique permet de remédier immédiatement à tout déréglement ou défaillance du système de production et garantit une qualité constante en identifiant et rejetant automatiquement tout produit non conforme.

Un système de vision assistée par ordinateur constitue l'élément de base du matériel nécessaire pour mettre en oeuvre ce type de contrôle. Une caméra, placée à la verticale de la bande transporteuse enregistre l'image des biscuits (cf. figure II.1.). Afin de s'affranchir des variations d'éclairage dans l'atelier de cuisson, un tel système de prise de vue peut être installé dans un tunnel équipé d'un dispositif d'éclairage adapté.

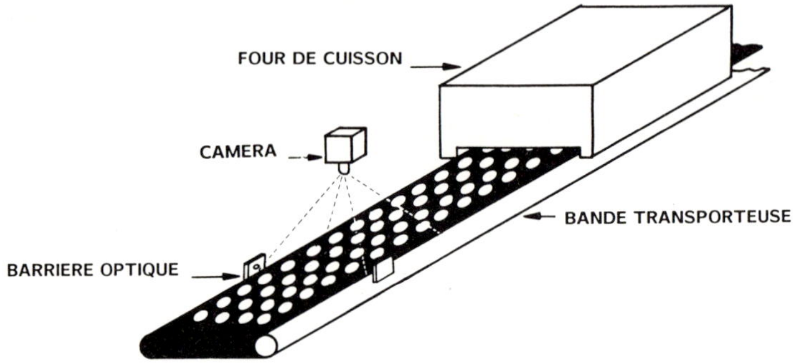

Figure II.1.: Schéma d'installation d'un système de contrôle de qualité pour une unité de production de biscuits.

Les prises de vues sont déclenchées par occultation du faisceau lumineux d'une barrière optique (cf. figure II.1.), ce qui permet d'obtenir des images d'un nombre entier de rangées de biscuits, semblables à celle de la figure II.2. Le premier rôle du système de vision est d'analyser ces images brutes afin d'y identifier les biscuits. En effet, seules les douze régions de l'image représentant les douze biscuits des trois rangées inspectées sont soumises à une analyse fine pour contrôler le degré de cuisson et la forme des produits. On peut envisager cette séparation entre les parties de l'image représentant les biscuits d'une part, et le fond constitué par la bande transporteuse d'autre part, au niveau des points-image. Cette opération, appelée *segmentation* de l'image, se ramène alors à une discimination entre les points-image constituant les biscuits et ceux constituant le fond.

Supposons que la bande transporteuse soit plus foncée que les biscuits, de telle sorte que les points-image du fond soient moins lumineux que ceux des biscuits. Dans ces conditions, une simple analyse des niveaux de gris de l'ensemble des points de l'image doit mettre deux classes en évidence : l'une regroupant tous les points-image relatifs aux biscuits et l'autre constituée de tous ceux appartenant au fond.

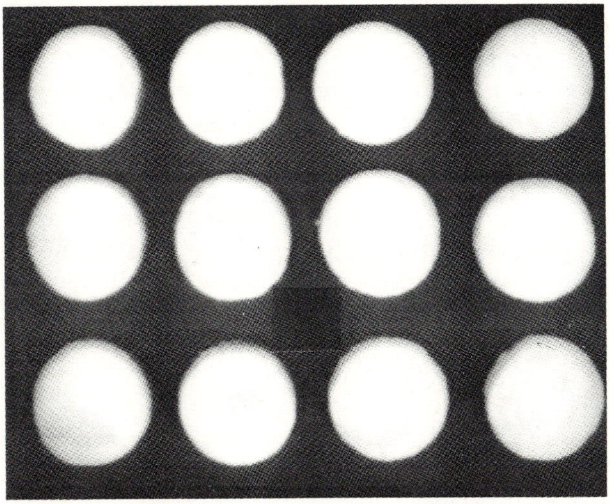

Figure II.2.: Image de 3 rangées de biscuits saisies par la caméra.

II.2. PROPRIETES ELEMENTAIRES DES POINTS-IMAGE

Une procédure simple pour segmenter l'image des biscuits consiste à comparer les niveaux de gris de ses points-image à un seuil /1/. Tous les points-image dont le niveau de gris est supérieur à ce seuil sont assignés à la classe C_1 des points des biscuits alors que tous ceux dont le niveau de gris est inférieur à ce seuil sont assignés à la classe C_2 des points du fond.

Nous avons noté $g(k,l)$ le niveau de gris du point $A(k,l)$. Si on note g_0 la valeur du seuil, la discrimination entre les deux catégories de points-image repose sur la règle de décision suivante :

Si $g(k,l) > g_0$, alors $A(k,l) \in C_1$

Si $g(k,l) < g_0$, alors $A(k,l) \in C_2$

pour $k = 1,2,....,K$ et $l = 1,2,...,L$.

On conçoit aisément que le choix du seuil g_0 conditionne, pour une très large part, le succès de cette procédure de segmentation, également appelée dans ce cas particulier, *binarisation* de l'image.

Pour choisir la valeur g_0 du seuil de binarisation, il y a tout intérêt à comparer les niveaux de gris des points-image des biscuits et du fond avant d'implanter une procédure de segmentation automatique.

Le plus simple est de commencer par analyser les niveaux de gris des points-image de la bande transporteuse. Pour cela, il suffit de procéder à l'acquisition de quelques images de cette bande dépourvue de biscuits et de déterminer l'histogramme* des niveaux de gris de tous les points-image de référence ainsi obtenus.

Ce dernier, représenté sur la figure II.3(a), révèle une forte concentration des niveaux de gris autour d'une valeur relativement faible. La légère dispersion autour de cette valeur reflète les variations de l'aspect de surface dues aux vieillissement et à l'usure de la bande transporteuse.

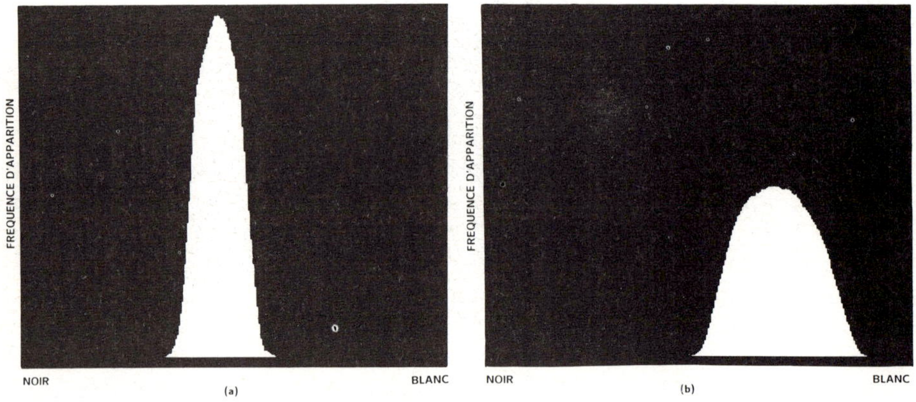

Figure II.3.:
(a) Histogramme des niveaux de gris de l'image de la bande transporteuse.
(b) Histogramme des niveaux de gris de l'image des biscuits.

L'analyse du niveau de gris des biscuits se révèle plus délicate du fait qu'il est impossible de couvrir de biscuits tout le champ de la caméra. Certains systèmes de vision offrent la possibilité d'isoler des sous-images situées à l'intérieur d'une fenêtre de taille ajustable que l'on

Note : On rapelle qu'un histogramme représente les fréquences relatives d'apparition des différentes valeurs que peut prendre une variable, ici le niveau de gris des points-image.

peut déplacer sur l'image de manière interactive (cf. figure II.4.). En positionnant cette fenêtre uniquement sur des biscuits, on peut extraire un échantillon de points-image représentatifs de ces derniers L'histogramme de leurs niveaux de gris révèle une concentration autour d'une valeur nettement plus élevée que pour l'histogramme relatif au fond de l'image (cf. figure II.3(b)). La dispersion autour de cette valeur est d'autre part beaucoup plus importante que dans l'histogramme précédent. Cette propriété résulte de légères, mais inévitables, variations de cuisson des biscuits utilisés pour l'échantillonnage et de la non uniformité de l'aspect de surface de chaque biscuit.

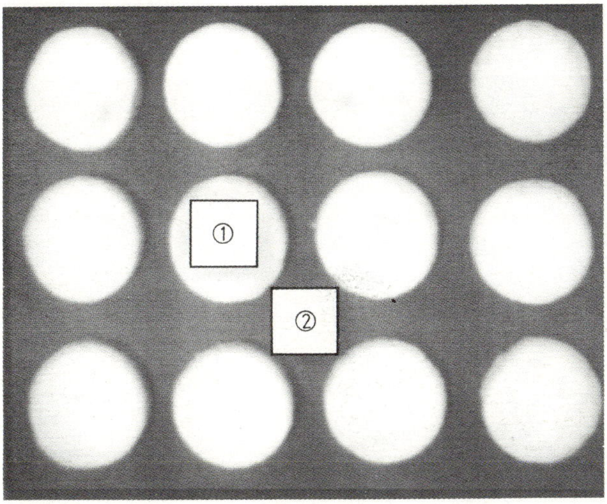

Figure II.4.: Fenêtres de sélection de sous-images.

① - Sélection d'une sous-image des biscuits

② - Sélection d'une sous-image du fond.

En déterminant l'histogramme des niveaux de gris de l'image complète des biscuits disposés sur la bande transporteuse (cf. figure II.5.(a)), on distingue les deux composantes mises en évidence séparément sur la figure II.3., à savoir : les histogrammes des points-image du fond et des biscuits. Mais ces deux composantes se chevauchent, c'est-à-dire que certains points-image des biscuits sont plus foncés que les points-image les plus clairs de la bande transporteuse et réciproquement. Ainsi, quelque soit le choix du seuil de binarisation g_0 , on ne peut, sur la base d'un seul attribut, le niveau de gris, distinguer les points-image de référence du fond de ceux des biscuits sans commettre d'erreurs. Nous allons montrer comment la prise en compte d'un second attribut, caractéristique de la texture, accroît la fiabilité des décisions qui permettent de classer les points-image en deux catégories.

A l'oeil nu, l'aspect de surface, ou texture, d'un biscuit paraît plus grossier, moins uniforme que celui de la bande transporteuse (cf.

figure II.2.). La variabilité spatiale du niveau de gris est plus importante sur un biscuit que sur le fond de l'image. Cette variabilité peut être quantifiée par une mesure de la dispersion des niveaux de gris dans le voisinage immédiat de chaque point-image A(k,l) . Soit t(k,l) cette mesure. Moins aisé à mesurer que le niveau de gris g(k,l) (cf. Chapitre VIII), l'attribut de texture t(k,l) ne permet pas non plus, à lui seul, de séparer les points-image de référence en deux classes sans commettre de nombreuses erreurs. En effet, comme le montre l'histogramme de cet attribut pour l'image complète des biscuits disposés sur la bande transporteuse (cf. figure II.5.(b)), les distributions de l'attribut t(k,l) pour la classe C_1 des biscuits et pour la classe C_2 du fond présentent un chevauchement important.

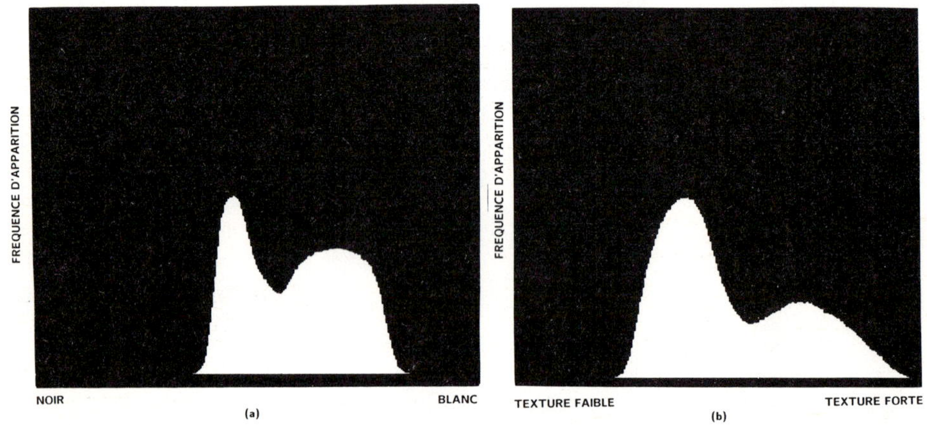

Figure II.5.:
(a) Histogramme des niveaux de gris pour l'image de la figure II.2.
(b)Histogramme de l'attribut de texture pour l'image de la figure II.2.

Pour chaque point-image A(k,l) , on peut considérer l'ensemble des deux attributs g(k,l) et t(k,l) en les regroupant sous la forme d'un vecteur X(k,l) , appelé *vecteur des attributs* ou *observation*, tel que

$$X(k,l) = \left[g(k,l) \; , \; t(k,l)\right]^T$$

où l'indice T indique l'opérateur de transposition sur les vecteurs.

En représentant les vecteurs des attributs associés aux points-image de référence dans un plan appelé *plan des attributs*, on obtient le diagramme de la figure II.6. Deux domaines distincts apparaissent dans ce plan : le domaine $\underline{D}_1$ contenant presque exclusivement les observations relatives aux points-image de référence des biscuits (classe C_1) et le domaine $\underline{D}_2$ contenant la quasi totalité des observations relatives aux points-image de référence du fond (classe C_2).

Le diagramme de la figure II.6. montre que la ligne séparant les deux domaines $\underline{D}_1$ et $\underline{D}_2$ permet de distinguer les points-image des biscuits de ceux du fond avec un risque d'erreur beaucoup plus faible que celui associé à la procédure de seuillage d'un seul attribut. En effet, très peu d'observations associées aux points-image des biscuits sont situées dans le domaine $\underline{D}_2$ et, réciproquement, très peu d'observations associées aux points-image du fond sont situées dans le domaine $\underline{D}_1$.

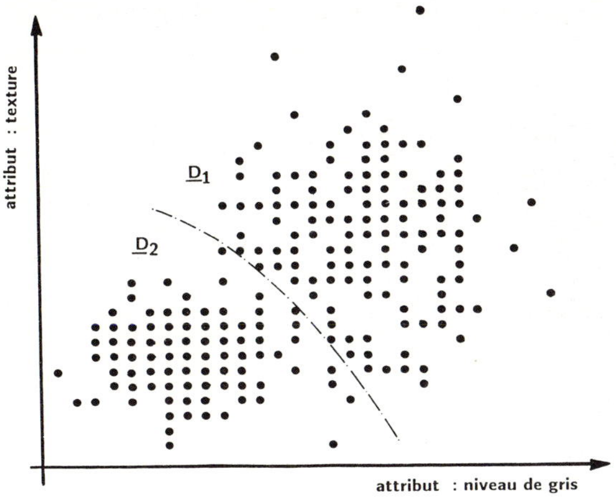

Figure II.6.: Représentation dans le plan des attributs de quelques observations associées aux points-image de la figure II.2.

Bien que cette propriété soit mise en évidence sur la base des points-image de référence, il est très probable qu'elle demeure vraie quelle que soit l'image analysée en sortie du four, à condition, bien sûr, que tous les paramètres de fonctionnement et de réglage demeurent inchangés. Cette constatation indique la démarche à suivre pour classer, avec un minimum d'erreur, les points d'une telle image.

1) Pour chaque point $A(k,l)$ de l'image analysée, déterminer les deux attributs $g(k,l)$ et $t(k,l)$.

2) Représenter l'observation bidimensionnelle associée : $X(k,l) = [g(k,l) \; ; \; t(k,l)]^T$ dans le plan des attributs.

3) Appliquer la règle de décision suivante:

$$\text{Si } X(k,l) \in \underline{D}_1 \text{ , alors } A(k,l) \in C_1$$

$$\text{Si } X(k,l) \in \underline{D}_2 \text{ , alors } A(k,l) \in C_2$$

De manière analogue au choix du seuil g_0 , la détermination de la ligne séparant les deux domaines $\underline{D}_1$ et $\underline{D}_2$ est de la toute première importance et conditionne le succès de la procédure. Cette ligne séparatrice doit être déterminée à partir des échantillons représentatifs des deux classes de points-image que l'on cherche à identifier. Plus grand sera le nombre de points-image de référence, meilleure sera la connaissance de la distribution des observations dans le plan des attributs et plus précise sera la détermination de cette ligne séparatrice. Ici apparaît le fondement statistique de cette procédure de segmentation. Nous verrons au chapitre suivant que seule l'approche statistique permet de déterminer la ligne de séparation entre les domaines $\underline{D}_1$ et $\underline{D}_2$ qui minimise le taux d'erreur associé à la règle de décision présentée ci-dessus.

(a)

(b)

Figure II.7. (a) Forme binarisée d'un biscuit extraite de l'image complète
(b) Image d'un biscuit extraite de l'image complète.

Avant d'aborder ces différents problèmes dans leur généralité, précisons la fin du schéma de contrôle de qualité des biscuits. A chaque prise de vue déclenchée par l'arrivée de trois nouvelles rangées de biscuits, il s'agit de déterminer les deux attributs g(k,l) et t(k,l) associés à chaque point-image A(k,l) . Les positions des observations ainsi obtenues par rapport aux domaines $\underline{D}_1$ et $\underline{D}_2$ définis dans le plan des attributs permettent de distinguer les points-image des biscuits (classe C_1) de ceux du fond (classe C_2). Par une procédure d'agrégation portant sur les points assignés à la classe C_1, on peut reconstituer la forme de chaque biscuit (cf figure II.7.(a)) et extraire son image de l'image complète (cf figure II.7.(b)). La comparaison de cette image à l'image d'un biscuit type, tant au niveau de l'intensité lumineuse qu'au niveau de la forme, constitue la base de la décision finale d'acceptation du produit.

La figure II.8 (a) présente une image des biscuits dont la surface de l'un, brisé, est nettement plus petite que celle des autres biscuits de l'image binarisée de la figure II.8 (b). D'autre part, le niveau de gris des biscuits de la rangée la plus à droite indique qu'ils sont plus cuits que ceux des trois autres rangées.

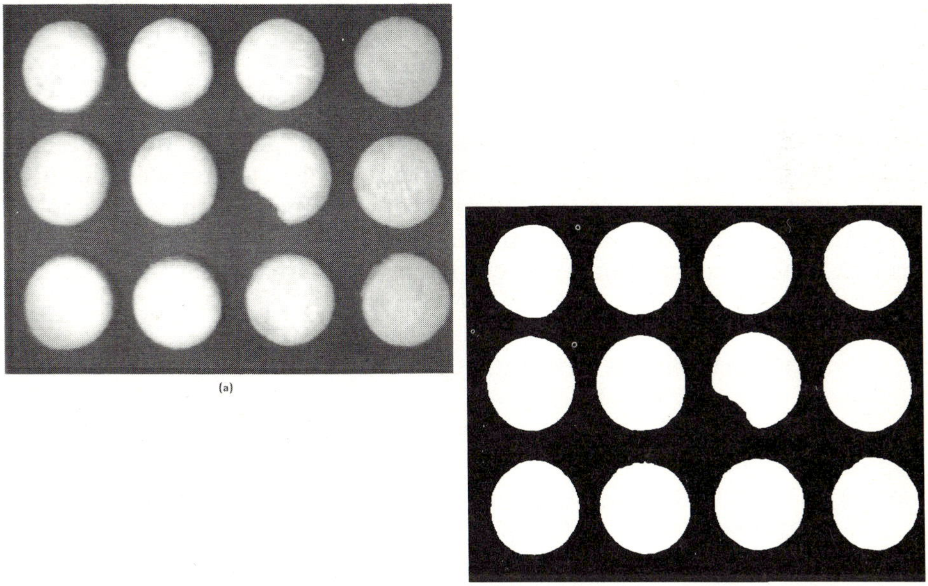

(a) (b)

Figure II.8. : Image de quelques biscuits ne répondant pas aux critères de qualité

(a) Image brute

(b) Image binarisée

II.3. DECISIONS EN ANALYSE DES IMAGES

L'exemple de l'analyse de l'image des biscuits a mis en évidence l'intérêt de classer les points-image par catégories pour segmenter une image. La procédure de classement automatique se décompose en deux phases fondamentales. La première, dite *phase d'apprentissage*, permet de définir les règles de décision à partir de points-image de référence, représentatifs de chaque catégorie. Elle précède la *phase de classement* proprement dite au cours de laquelle on classe les différents points d'une image à segmenter en utilisant les règles définies au cours de la phase d'apprentissage. Les classes de points-image ainsi obtenues correspondent finalement aux différentes régions mises en évidence dans l'image.

II.3.1. Phase d'apprentissage

La phase d'apprentissage consiste à analyser un ensemble de points-image de référence, c'est-à-dire de points *prototypes* dont on connait l'identité a priori. Elle peut elle-même être décomposée en trois étapes.

a) Acquisition des données

Le moyen d'obtenir des points-image prototypes représentatifs des différentes classes en présence dépend en général du problème traité. Dans l'exemple simple du contrôle de la cuisson des biscuits, nous avons vu que l'on peut soit utiliser des images de référence en présentant à la caméra des échantillons de chaque type de région, soit utiliser une fenêtre pour sélectionner de manière interactive des points-image à l'intérieur de chaque région.

b) Sélection des attributs

Chaque point-image est caractérisé par un ensemble d'attributs regroupés sous la forme d'un vecteur. La sélection d'attributs pertinents permettant de faire apparaître les différentes classes de points-image correspondant aux régions de l'image constitue l'étape souvent jugée la plus délicate par les praticiens. Cette étape est beaucoup plus liée au problème traité que les suivantes. Il est par exemple évident que les attributs utilisés pour mettre en évidence les classes de points-image associées aux biscuits et au fond dans l'exemple précédent seraient mal adaptés s'il s'agissait de distinguer les points-image formant les contours des cellules dans l'image d'une préparation microscopique.

Les chapitres VII et VIII de cet ouvrage indiquent comment choisir un ensemble adéquat d'attributs en fonction de la description recherchée. Nous verrons alors que l'on peut être amené à utiliser plus de deux attributs pour caractériser chaque point-image. Si on retient N attributs $x_n(k,l)$, $n=1,2,....,N$ pour caractériser le point $A(k,l)$, on lui associe un vecteur d'attributs ou observation $X(k,l)$ à N dimensions telle que :

$$X(k,l) = \left[x_1(k,l)\ ;\ x_2(k,l)\ ;\ ...\ ;\ x_n(k,l)\ ;\ ...\ ;\ x_N(k,l)\right]^T$$

qui peut être représenté par un point dans un espace euclidien à N dimensions : *L'espace des attributs.*

c) Partitionnement de l'espace des attributs

Dans l'exemple étudié, nous avons supposé que les points-image se répartissent en deux classes : la classe C_1 relative aux biscuits et la classe C_2 correspondant au fond. Dans de nombreux problèmes, tels l'analyse des images prises par satellite, l'analyse des images médicales, etc..., les scènes observées sont plus complexes et la segmentation doit mettre en évidence un nombre plus élevé de régions qui correspondent à autant de classes de points-image.

Si les points-image prototypes proviennent de Q classes C_q , $q = 1,2, ..., Q$, le choix des attributs doit permettre de partager l'espace des attributs en Q domaines $\underline{D}_q$, $q = 1,2, ..., Q$, de telle sorte que la majorité, sinon la totalité des observations associées aux prototypes d'une même classe C_q soient situées dans le domaine $\underline{D}_q$ correspondant. Les domaines $\underline{D}_q$ sont appelés *domaines de décision*. Ils sont séparés par des *surfaces de décision* et constituent une partition de l'espace des attributs.

II.3.2. Phase de classement

La phase de classement proprement dite consiste à classer par catégories les points d'une image que l'on se propose de segmenter. A la différence de la phase d'apprentissage au cours de laquelle on manipule des points-image prototypes de référence, c'est-à-dire des points dont on connaît les régions de provenance a priori, dans la phase de classement, l'identité des points-image est inconnue puisqu'il s'agit précisèment de la découvrir.

A l'issue de la phase d'apprentisage, seul est connu le partitionnement de l'espace des attributs en domaines de décision. En déterminant l'ensemble des attributs sélectionnés pour caractériser chaque point d'une image à analyser, on obtient des observations qui peuvent être assignées aux différentes classes selon leurs positions dans l'espace des attributs par rapport aux domaines de décision.

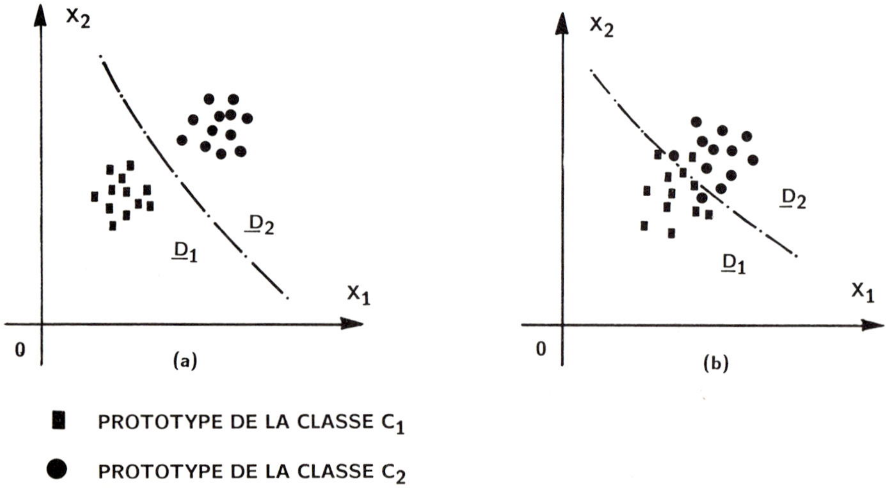

Figure II.9. : Domaines de décision pour un problème à deux classes.
(a) aisément séparables.
(b) difficilement séparables.

Soit X(k,l) l'observation associée au point A(k,l) de l'image à analyser. La règle de décision est la suivante :

$$\text{Si } X(k,l) \in \underline{D}_q \text{ , alors } A(k,l) \in C_q \text{ , } q = 1,2, ..., Q.$$

Le taux d'erreur associé à cette règle de décision est directement lié au degré de chevauchement des classes dans l'espace des attributs. Ainsi, les deux domaines $\underline{D}_1$ et $\underline{D}_2$ associés aux deux classes de prototypes de la figure II.9.(a) permettent d'envisager un classement à taux d'erreur faible, sinon nul. Par contre, le chevauchement important des deux classes de prototypes de la figure II.9.(b) montre que tout partitionnement de l'espace conduira à un taux d'erreur important puisque, comme les prototypes eux-mêmes, de nombreuses observations seront situées à l'extérieur du domaine de décision associé à la classe à laquelle elles appartiennent effectivement. Nous verrons ultérieurement comment la théorie de la décision permet de déterminer la frontière optimale entre les domaines $\underline{D}_1$ et $\underline{D}_2$ pour minimiser le taux d'erreurs de classement.

II.3.3. Segmentation par reconstitution des régions

Nous avons implicitement supposé que la perception visuelle d'une région d'une image correspond à une certaine homogénéité des attributs caractérisant les points de cette région. En sélectionnant des attributs pertinents, on représente les points-image dans un espace où ils tendent à former des groupements bien différenciés, chaque groupement étant constitué des observations associées aux points d'un même type de région.

La phase d'apprentissage permet de connaître les groupements d'observations associés aux différentes régions de l'image. La phase de classement permet d'assigner les points d'une image inconnue aux différentes classes définies au cours de la phase d'apprentissage. Cependant, une même classe peut contenir les points-image provenant de plusieurs régions de même type. Dans l'exemple du contôle de qualité des biscuits, la classe C_1 regroupe tous les points relatifs aux biscuits et ces points représentent en fait douze biscuits disjoints.

Afin d'exploiter les résultats du classement des points-image, il convient finalement de *reconstituer* les régions à partir de la liste des points-image assignés à chaque classe. Cette phase finale de la segmentation s'effectue par analyse des propriétés de *connexité* des points-image de chaque classe, au niveau de l'image elle-même. Les méthodes adaptées à la résolution de ce problème, parfois délicat, sont exposées au chapitre VII.

Les séparations que nous avons établies entre les phases d'acquisition des données, de sélection des attributs, de classement et finalement de segmentation par reconstitution des régions peuvent paraître arbitraires. Elles ont surtout pour but de faciliter l'exposé de la méthodologie. En effet, le succès d'une procédure de classement dépend de la sélection des attributs qui, de par leur pouvoir discriminant, doivent conduire à une bonne séparation des classes. La fiabilité des attributs eux-mêmes dépend des conditions d'éclairage et de prise de vue. Dans la pratique, il est donc vivement conseillé de procéder à une approche globale. La technique de prise de vue, le choix des attributs peuvent être orientés par le résultat des premiers essais de classement et de segmentation. Cette remarque importante explique les bouclages en retour qui apparaissent dans le schéma fonctionnel d'une procédure de segmentation par classement automatique de la figure II.10.

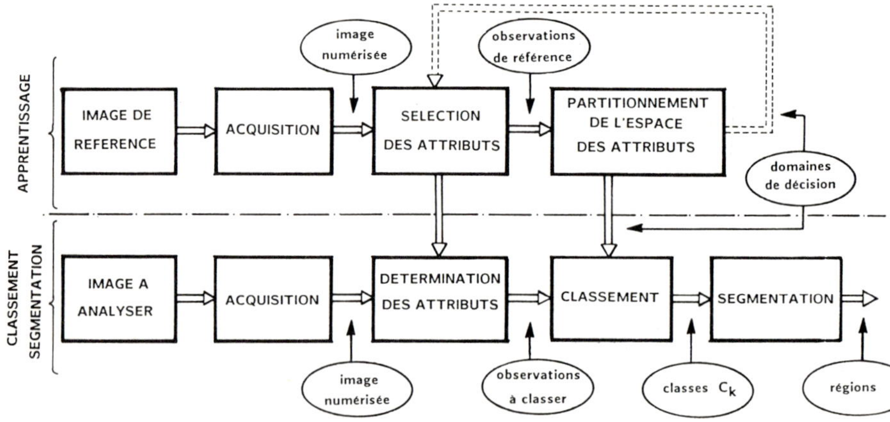

Figure II.10. : Schéma fonctionnel d'une procédure de segmentation par classement automatique des points-image.

II.3.4. Reconnaissance des formes

La segmentation d'une image n'est pas une fin en soi. Le but d'une procédure d'analyse d'image est de reconnaître les éléments présents dans la scène observée. Qu'il s'agisse de contrôler la conformité de la forme et du degré de cuisson des biscuits ou d'identifier différents types de cellules sous un microscope, ou encore de reconnaître et de localiser une tumeur dans une image radiographique, la segmentation ne constitue qu'une étape préliminaire à la phase ultime de reconnaissance des formes, exposée au chapitre IX. En déterminant pour chaque région mise en évidence par la procédure de segmentation un ensemble d'attributs de forme, nous montrerons comment la reconnaissance des éléments constituant une image peut être abordée dans le cadre de la théorie de la décision.

Il ne faut jamais perdre de vue que la segmentation, qui constitue le point de départ de l'analyse d'une image, conditionne le succès de tous les traitements ultérieurs et de toutes les procédures de reconnaissance des formes. Dans cet ouvrage, nous nous intéressons essentiellement à des techniques de segmentation relativement générales, basées sur des décisions prises au niveau des points-image. Nous n'aborderons donc pas les techniques de segmentation et de reconnaissance des formes hiérarchiques et syntaxiques dont la mise en oeuvre dépend beaucoup plus du problème traité /2,3/. De plus, compte-tenu des besoins effectifs d'automatisation, seule sera considérée l'analyse de scènes à deux dimensions.

II.4. CLASSEMENT ET CLASSIFICATION

Dans les procédures de segmentation par classement automatique évoquées jusqu'ici, nous avons supposé que nous disposions de prototypes, c'est-à-dire de points-image identifiés a priori, et représentatifs de chaque type de région constituant l'image à analyser. Il peut toutefois arriver que l'opérateur ne dispose pas de ces prototypes.

Revenons au problème de la binarisation de l'image des biscuits et supposons que l'inspection ne s'effectue plus sous un tunnel d'éclairage, mais simplement dans l'ambiance lumineuse de l'atelier de cuisson. Compte-tenu des variations de cette ambiance au cours de la journée, il n'est plus possible de procéder à une phase d'apprentissage. En effet, les prototypes obtenus sous un éclairage donné ne seraient plus représentatifs de la scène à analyser dès que l'environnement lumineux viendrait à changer.

Pour binariser l'image dans de telles conditions, on ne peut qu'utiliser l'information contenue dans l'image elle-même. Aucune autre information n'est disponible pour élaborer les règles de décision, les valeurs des attributs caractérisant les points-image relatifs aux biscuits et au fond pouvant varier considérablement d'une prise de vue à l'autre. Le regroupement de ces points en deux classes apparaît comme un problème de *classification automatique* qui se démarque des problèmes de *classement* en ce sens qu'on ne dispose pas de prototypes de chacune des classes en présence. La principale difficulté réside alors dans le fait qu'on n'a pas accès à une connaissance a priori des caractéristiques des différentes régions de l'image. Dans ce contexte, le but essentiel des procédures de classification est d'identifier les classes entre lesquelles se répartissent les points-image en découvrant des groupements d'observations dans l'espace des attributs. Il s'agit donc de démarches exploratoires qui permettent de structurer un ensemble d'observations en classes homogènes, de telle sorte que chaque classe ne contienne que des observations relatives à des points-image très semblables alors que les observations assignées à des classes distinctes représentent des points-image différents.

II.5. APPROCHE STATISTIQUE ET APPROCHE GEOMETRIQUE

Les procédures de classement et de classification sont à la base de nombreuses techniques d'analyse d'images. Elles constituent, d'autre part, l'un des fondements des méthodes de reconnaissance des formes présentées à la fin de cet ouvrage. C'est à ce double titre que les trois chapitres suivants leur sont consacrés.

Le point de départ de ces procédures est la représentation des observations multidimensionnelles associées aux points-image dans l'espace des attributs. Par souci de généralité, nous ne préciserons pas toujours la nature des observations considérées, sachant qu'elles peuvent, selon les cas, représenter des points-image ou tout autre *objet*, au sens le plus large du terme, c'est-à-dire toute entité sur laquelle on aura mesuré ou calculé différents attributs caractéristiques.

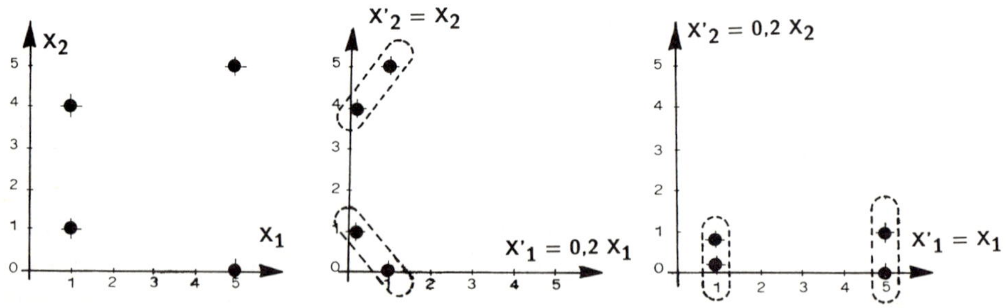

Figure II.11. : Effet des changements d'échelle sur des groupements d'observations.

La distance séparant deux observations dans l'espace des attributs est une mesure naturelle de leur ressemblance. Il existe de très nombreuses procédures de classement et de classification faisant appel à ce concept géomètrique /4,5,6/. Par delà les détails de chacune d'elles, nous retiendrons que d'une manière générale les distances séparant les observations assignées à une même classe sont plus petites que celles séparant les observations provenant de classes différentes (cf. figure II.9.(a)).

Nous signalerons qu'à de rares exceptions près /7/, les procédures relevant des approches géométriques sont très sensibles à des changements d'échelle sur les axes de l'espace des attributs. Les différents attributs retenus pour décrire les objets à classer peuvent en effet être de nature très variée et résulter de calculs et de traitements numériques très différents. Par le choix des unités, rien ne s'oppose à des modifications des échelles de représentation. La figure II.11. présente différents groupements obtenus pour les mêmes observations à la suite de simples changements d'échelle.

De très nombreux travaux ont été consacrés aux approches géométriques qui se prêtent à une mise en oeuvre simple mais nécessitent souvent des choix arbitraires pour certains paramètres de réglage tels que seuils ou coefficients de pondération /8/. D'autre part, on ne dispose d'aucune garantie qu'au terme de ces procédures les données soient classées avec un taux d'erreur minimal. Il est préférable, lorsque ceci est possible, d'employer des *méthodes optimales* qui *minimisent les risques d'erreur*. C'est la raison pour laquelle nous ne présentons dans cet ouvrage que des méthodes de classement et de classificaion basées sur des approches statistiques qui seules garantissent des résultats *optimaux* au sens que nous venons de donner à ce terme.

Bien que les méthodes géométriques aient parfois des interprétations statistiques /9,10/, on ne peut à proprement parler de méthode statistique que lorsqu'il est fait explicitement appel à la notion de *fonction de densité de probabilité*. Toute observation peut en effet être considérée comme une réalisation particulière d'un vecteur aléatoire continu dont la distribution est définie par une fonction de densité de probabilité multivariable caractéristique de la classe à laquelle appartient l'observation. La figure II.12. représente la fonction de densité de probabilité p(X) associée à une distribution normale d'observations bidimensionnelles $X = [x_1 \; ; \; x_2]^T$.

Le chapitre suivant montre comment la connaissance des propriétés statistiques de la distribution des observations à classer permet d'aborder les problèmes de classement et de classification sous l'angle de la théorie de décision.

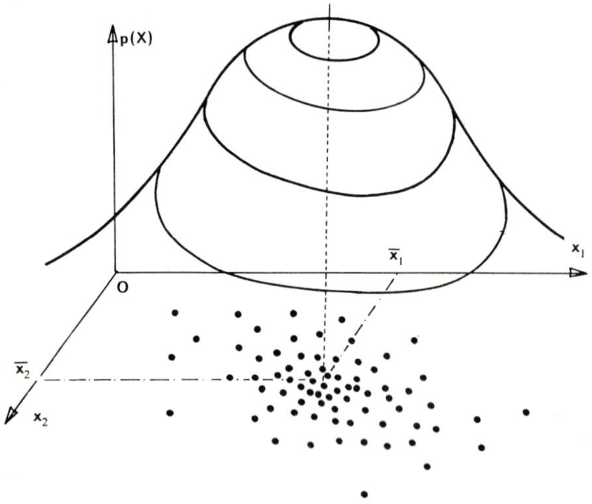

Figure II.12.: Fonction de densité de probabilité d'une distribution normale d'observations bidimensionnelles.

BIBLIOGRAPHIE

/1/ WESZKA, J.S.
A Survey of threshold selection techniques
Computer graphics and image processing, Vol. 7, pp 259-265, 1978

/2/ FU, K.S.
Syntactic pattern recognition and applications
Prentice-Hall, Englewood Cliffs, N.J., 1982

/3/ THOMASON, M.G.
Syntactic - semantic techniques in pattern recognition : a survey
Journal of Comp. Info. Scis, Vol. 11, pp 75-100, 1982

/4/ BENZECRI, J.P.
La Taxinomie et l'Analyse des correspondances
Dunod, Paris

/5/ CAILLIEZ, F. et PAGES, J.P.
Introduction à l'analyse des données
SMASH, Paris, 1976

/6/ JAMBU, M.
Classification automatique pour l'analyse des données
Dunod, Paris, 1978

/7/ FRIEDMAN, H.P. and ROBIN, J
On some invariant criteria for grouping data
Journal of the Amer. Stat. Ass., Vol. 62, pp 1159-1178, 1967

/8/ DUDA, R.O. and HART, P.E.
Pattern Classification and Scene Analysis
John Wiley, N.Y., 1973

/9/ VOGEL, M.A. and WONG, A.K.C.
P F S clustering method
IEEE Trans on Pattern Analysis and Machine Intelligence, Vol PAMI-1, n 3, pp 237-245, 1979

/10/ YAU, S.S. and CHANG, S.C.
A direct method for cluster analysis
Pattern recognition, Vol. 7, pp 215-224, 1975

3

Classement, classification et théorie de la décision

III.1. INTRODUCTION

La théorie de la décision constitue une approche statistique fondamentale pour résoudre les problèmes de classement et de classification /1,2,3,4/. Avant d'aborder les aspects formels de cette théorie, revenons à l'exemple du contrôle de qualité des biscuits présenté au chapitre précédent.

Nous avons vu que l'analyse de l'image des biscuits disposés sur le convoyeur reposait sur un classement des points-image en deux classes C_1 et C_2, la première regroupant les points appartenant aux biscuits alors que la seconde est constituée de tous les points du fond.

Supposons temporairement que pour effecteur ce classement, l'analyste ne dispose d'aucune information sur les points-image. Dans ces conditions, il ne peut les classer qu'au hasard, en les assignant soit à la classe C_1, soit à la classe C_2. Si le fond de l'image occupe la même surface que les biscuits, l'analyste aura une chance sur deux de se tromper, qu'il assigne un point à la classe C_1 ou à la classe C_2.

Supposons maintenant que les biscuits occupent la plus grande partie de l'image et que l'on connaisse les proportions $P(C_1)$ et $P(C_2)$ des points-image de chacune des classes. En d'autres termes, si l'on sélectionne arbitrairement un point de l'image, la probabilité pour qu'il appartienne aux biscuits est $P(C_1)$, celle pour qu'il appartienne au fond est $P(C_2)$, et on a:

$$P(C_1) > P(C_2) \quad \text{avec} \quad P(C_1) + P(C_2) = 1$$

Les nombres $P(C_1)$ et $P(C_2)$ sont appelés *probabilités a priori* des classes C_1 et C_2. Si, comme précédemment, l'analyste doit décider à quelle classe appartient chaque point de l'image, il a intérêt à opter systématiquement pour la classe C_1 qui correspond aux biscuits, puisque $P(C_1)$ est supérieur à $P(C_2)$. La probabilité d'erreur associée à cette règle de décision est $P(C_2)$.

Il est évident que, dans la pratique, on ne demande jamais de prendre des décisions sur la provenance des points-image avec si peu d'informations ! Dans l'exemple considéré, la prise en considération de la valeur $g(k,l)$ du niveau de gris de chaque point $A(k,l)$ considéré ne peut que diminuer le risque d'erreur associé à la règle de décision puisque les points du fond sont en général plus foncés que ceux des biscuits.

Les histogrammes du chapitre précédent nous ont montré que les niveaux de gris des points-image sont distribués avec une certaine dispersion autour d'une valeur moyenne propre à chaque classe. On peut considérer ce niveau de gris g comme une *variable aléatoire* continue dont la distribution dépend de la classe considérée. Le niveau de gris de chaque point-image n'est alors qu'une réalisation particulière de cette variable aléatoire.

De la même manière, on peut considérer les valeurs prises par l'attribut de texture t, ou tout autre attribut, comme des réalisations particulières d'une variable aléatoire dont la distribution dépend de la classe de points-image considérée. Pour être plus explicite, considérons la *fonction de densité de probabilité conditionnelle* de l'attribut x, qui définit la distribution de cet attribut pour les points-image de la classe C_q, $q = 1,2$. Rappelons que cette fonction, notée $p(x \mid C_q)$, permet de calculer la probabilité pour que l'attribut x associé à un point tiré au hasard de la classe C_q appartienne à l'intervalle $[x_1 , x_2]$. En effet :

$$P(x \in [x_1 , x_2] \mid C_q) = \int_{x_1}^{x_2} p(x \mid C_q).dx \qquad q = 1,2$$

D'autre part, on a par définition :

$$\int_{-\infty}^{+\infty} p(x \mid C_q)\, dx = 1$$

Les fonctions de densité de probabilité de la figure III.1. mettent en évidence, comme les histogrammes de la figure II.3., les différences des valeurs prises par un attribut x selon que les points-image proviennent de la classe C_1 ou de la classe C_2 .

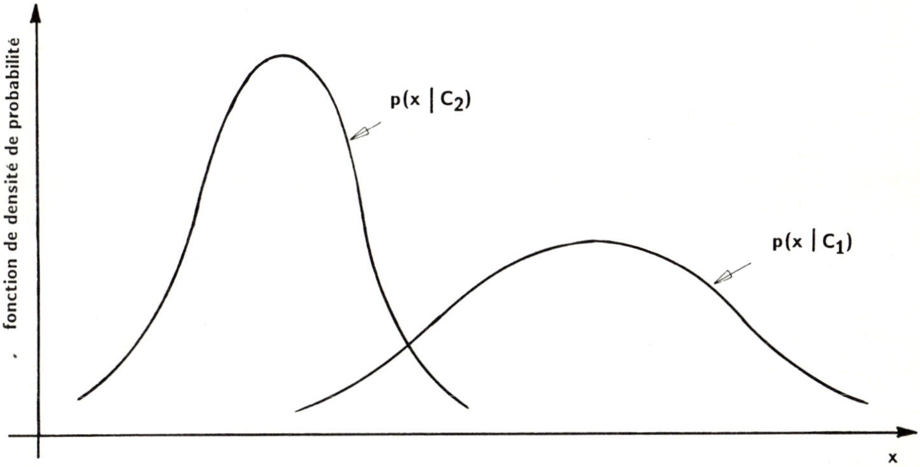

Figure III.1.:Fonctions de densité de probabilité conditionnelles d'un attribut x pour des points-image provenant de deux classes C_1 et C_2 .

Supposons maintenant que l'on connaisse les probabilités a priori $P(C_1)$ et $P(C_2)$, ainsi que les fonctions de densité de probabilité $p(x|C_1)$ et $p(x|C_2)$. La connaissance de la valeur de l'attribut x en un point de l'image permet de calculer la probabilité d'être en présence d'un point de la classe C_1 ou d'un point de la classe C_2 . En effet, d'après la règle de Bayes, cette probabilité s'exprime sous la forme :

$$P(C_q \mid x) = \frac{p(x \mid C_q).\, P(C_q)}{p(x)} \qquad q = 1 , 2$$

avec :

$$p(x) = \sum_{q=1}^{2} p(x \mid C_q).\, P(C_q)$$

$p(x)$ est la fonction de densité de probabilité de l'attribut x pour l'ensemble des points de toute l'image analysée, dans laquelle les points de chaque classe apparaissent proportionnellement aux probabilités a priori $P(C_1)$ et $P(C_2)$ (cf. figure III.2.). Comme pour les histogrammes de la figure II.5., on distingue les contributions des deux composantes $p(x \mid C_1)$ et $p(x \mid C_2)$ dans le *mélange* $p(x)$.

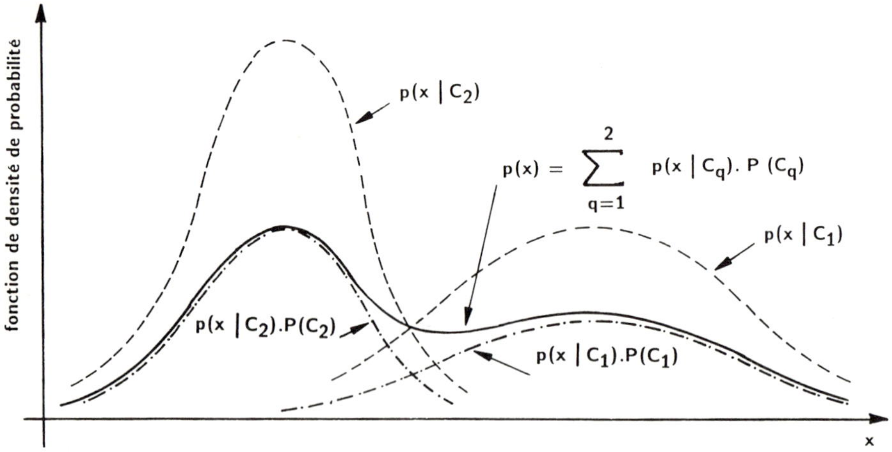

Figure III.2.:Fonction de densité de probabilité d'un attribut x pour l'ensemble des points d'une image où les classes C_1 et C_2 sont équiprobables .
$P(C_1) = P(C_2) = 0{,}5$.

La règle de Bayes montre comment l'observation de la valeur de l'attribut x permet de passer de la probabilité a priori $P(C_q)$ d'avoir un point de la classe C_q à la *probabilité a posteriori* $P(C_q|x)$, c'est-à-dire la probabilité d'être en présence d'un point de la classe C_q , connaissant la valeur de son attribut x .

On peut alors calculer quelle est la probabilité pour qu'un point caractérisé par la valeur x appartienne à chacune des classes en présence et proposer la règle de décision suivante :

$$\text{Décider } C_1 \text{ si } P(C_1 \mid x) > P(C_2 \mid x)$$

$$\text{Décider } C_2 \text{ si } P(C_2 \mid x) > P(C_1 \mid x)$$

La probabilité d'erreur associée à cette règle de décision est:

$$P(\text{erreur} \mid x) = \begin{cases} P(C_2 \mid x) & \text{si on décide } C_1 \\ P(C_1 \mid x) & \text{si on décide } C_2 \end{cases}$$

III.2. THEORIE DE LA DECISION

La procédure de décision élaborée pour l'exemple de la segmentation de l'image des biscuits est basée sur l'analyse d'un seul attribut : le niveau de gris g ou l'attribut de texture t en chaque point de l'image. Il s'agit d'un problème de classement unidimensionnel à deux classes, l'une correspondant au fond de l'image, l'autre aux objets présents dans le champ de la caméra.

Comme nous l'avons vu au chapitre précédent (cf. II.2.), il peut s'avérer nécessaire d'utiliser plusieurs attributs pour mettre en évidence les différentes classes de points constituant une image. Dans ce cas, le problème devient *multidimensionnel.* D'autre part, des images plus complexes, telles que des vues microscopiques en médecine ou des images prises par satellite en météorologie, peuvent présenter un nombre plus important de régions à identifier. Il s'agit alors de problèmes *multiclasses.*

Nous allons montrer comment la procédure de décision utilisée pour l'exemple de la segmentation de l'image des biscuits peut être généralisée à des problèmes multidimensionnels à classes multiples où les objets à classer ne sont pas nécessairement des points-image.

Soient :

$$X = \left[x_1 \,,\; x_2 \,,\ldots\ldots,\; x_n \,,\ldots\ldots,\; x_N \right]^T$$

des vecteurs d'attributs, ou *observations*, à N dimensions provenant d'objets à classer parmi Q classes notées C_q , $q = 1 , 2,\ldots\ldots, Q$.

On désigne par $p(X|C_q)$ la fonction de densité de probabilité sous-jacente à la distribution des observations provenant de la classe C_q . Soit $P(C_q)$ la probabilité a priori de cette classe.

La connaissance de l'observation X permet de calculer la probabilité a posteriori $P(C_q|X)$ que l'objet associé appartienne à la classe C_q :

$$P(C_q|X) = \frac{p(X \mid C_q).\ P(C_q)}{p(X)}$$

où :

$$p(X) = \sum_{q=1}^{Q} p(X \mid C_q).\ P(C_q)$$

est la fonction de densité de probabilité du *mélange* pondéré des fonctions de densité des Q classes.

III.2.1. Notion de pénalisation et décision optimale

Avant d'envisager une règle de décision, il convient de préciser les *pénalisations* encourues à chaque fois qu'une observation est mal classée. Soit $r(C_s \mid C_q)$ la pénalisation subie lorsqu'une observation de la classe C_q est classée dans la classe C_s . On peut ainsi calculer la *pénalisation totale escomptée* lorsque l'on classe une observation X dans la classe C_s :

$$R(C_s \mid X) = \sum_{q=1}^{Q} r(C_s \mid C_q).\ P(C_q \mid X)$$

Dans ces conditions, la règle de décision optimale est celle qui affecte l'observation X à la classe C_s pour laquelle la pénalisation totale escomptée $R(C_s|X)$ est minimale.

III.2.2. Pénalisation symétrique

La pénalisation symétrique telle que :

$$r(C_s \mid C_q) = \begin{cases} 0 & \text{si} \quad s = q \\ 1 & \text{si} \quad s \neq q \end{cases} \qquad s = 1,2,\ldots,Q$$

est la plus utilisée.

Avec cette règle qui sanctionne toutes les erreurs de manière équivalente, la pénalisation totale escomptée lorsqu'on assigne l'observation X à la classe C_s est alors :

$$R(C_s \mid X) = \sum_{q=1}^{Q} r(C_s \mid C_q).P(C_q \mid X)$$

$$R(C_s \mid X) = \sum_{\substack{q=1 \\ q \neq s}}^{Q} P(C_q \mid X)$$

$$R(C_s \mid X) = 1 - P(C_s \mid X)$$

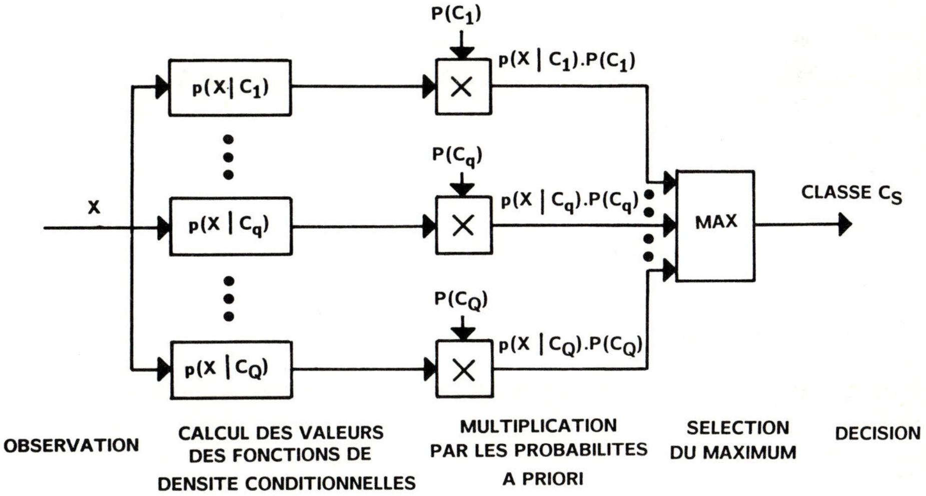

Figure III.3. : **Procédure de décision avec règle de pénalisation symétrique.**

La classe C_s pour laquelle la pénalisation totale escomptée est minimale étant celle pour laquelle la probabilité a posteriori est maximale, on peut énoncer la règle de décision suivante :

Décider C_s si :

$$P(C_s \mid X) > P(C_q \mid X) , \qquad \forall q \neq s$$

En utilisant la règle de Bayes, cette procédure peut s'énoncer sous la forme :

Décider C_s si :

$$p(X \mid C_s)\, P(C_s) > p(X \mid C_q)\, P(C_q),\ \forall\ q \neq s$$

La figure III.3. indique comment implanter cette procédure sur calculateur numérique.

III.2.3. Pénalisation diagonale

On peut envisager de sanctionner plus fortement certaines décisions erronées que d'autres. C'est par exemple le cas dans les systèmes de surveillance automatique où les détections manquées sont plus fortement pénalisées que les fausses alarmes. En analysant une image radar, il conviendra de pénaliser plus fortement l'affectation d'un point-image d'un missile à la classe des points du fond que l'inverse.

La pénalisation diagonale :

$$r(C_s \mid C_q) = \begin{cases} -h_q & \text{si } s = q \\ O & \text{si } s \neq q \end{cases}$$

permet de pondérer différemment l'importance des décisions erronées selon les classes auxquelles elles se rapportent. Cette pénalisation correspond en fait à une récompense pour les bonnes décisions et il n'y a ni pénalisation, ni récompense pour les mauvaises décisions. La pénalisation totale escomptée lorsqu'on assigne l'observation X à la classe C_s. alors :

$$R(C_s \mid X) = -h_s\ P\,(C_s \mid X)$$

Pour minimiser cette pénalisation, on adopte la règle de décision suivante :

$$\text{Décider } C_s \text{ si } h_s\ P(C_s \mid X) > h_q\ P(C_q \mid X),\ \forall\, q \neq s$$

En utilisant la règle de Bayes, cette procédure peut s'énoncer sous la forme :

Décider C_s si :

$$h_s \; p(X \mid C_s) \; P(C_s) > h_q \; p(X \mid C_q) \; P(C_q), \; \forall q \neq s$$

La figure III.4. indique comment implanter cette procédure sur un calculateur numérique

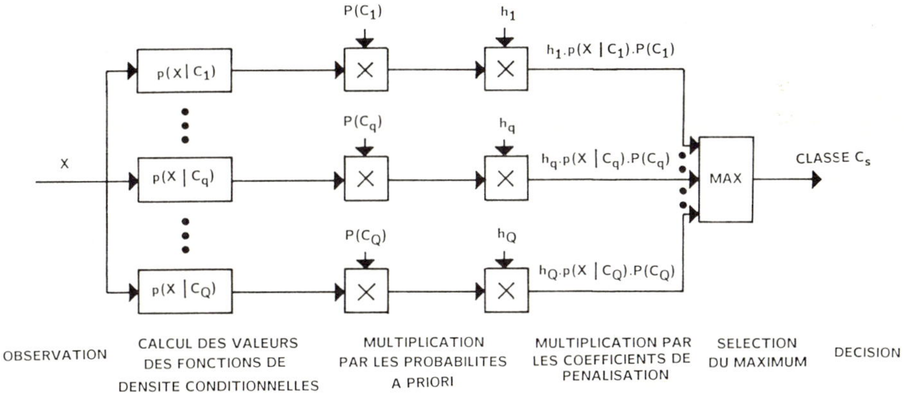

Figure III.4.: Procédure de décision avec règle de pénalisation diagonale.

III.3. FONCTIONS DISCRIMINANTES

Les procédures de classement comme celles de classification peuvent être formalisées en introduisant la notion de *fonction discriminante* /5/. Pour un problème à Q classes, on définit Q fonctions discriminantes $d_q(x)$, $q = 1,2,...,Q$. La comparaison des valeurs prises par les fonctions discriminantes pour la valeur X d'une observation permet de classer l'objet correspondant. Plus précisément, l'observation X est assignée à la classe C_s si et seulement si :

$$d_s(X) > d_q(X) \ , \qquad \forall q \neq s$$

Le schéma de principe de la détermination de la fonction discriminante de valeur maximale pour l'observation X est donné figure III.5.

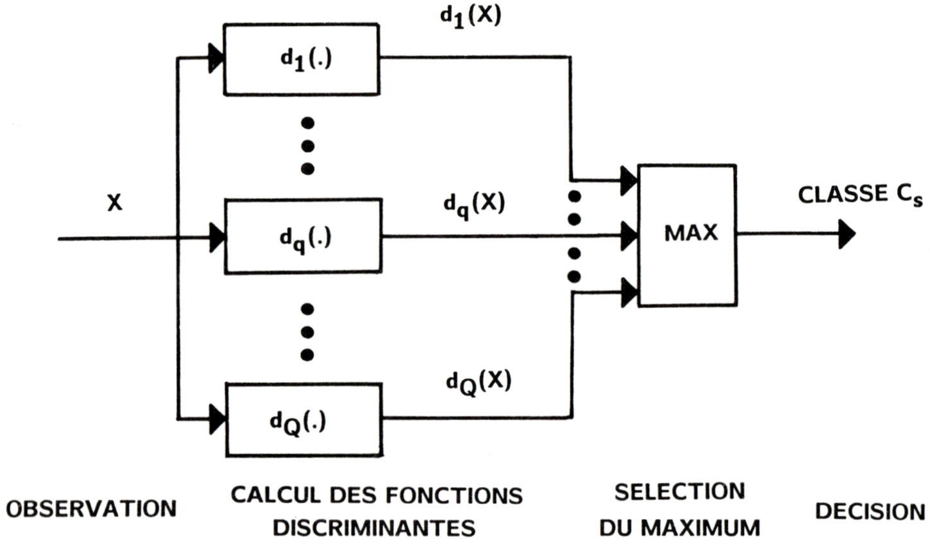

Figure III.5. : Procédure de décision avec utilisation des fonctions discriminantes.

Les points de l'espace des attributs, pour lesquels les fonctions discriminantes $d_s(X)$ et $d_q(X)$ sont égales, sont situés sur une surface de dimension N-1 appelée *surface de décision* et définie par:

$$d_s(X) = d_q(X)$$

Cette surface partage l'espace en deux régions, l'une pour laquelle :

$$d_s(X) > d_q(X)$$

et l'autre pour laquelle :

$$d_s(X) < d_q(X)$$

Dans un problème à Q classes, il y a ainsi $Q(Q-1)/2$ surfaces de décision qui partitionnent l'espace des attributs en Q domaines $\underline{D}_q$, $q = 1,2,...,Q$, mutuellement exclusifs. Dans le domaine $\underline{D}_q$, la fonction discriminante $d_q(X)$ est supérieure à toutes les autres. Toutes les observations situées dans le domaine $\underline{D}_q$ seront donc assignées à la classe C_q . C'est la raison pour laquelle ces domaines sont appelés *domaines de décision.* Classer une observation revient à déterminer le domaine de décision dans lequel elle se trouve.

La figure III.6. illustre les notions de fonction discriminante et de domaines de décision pour un problème bidimensionnel à deux classes.

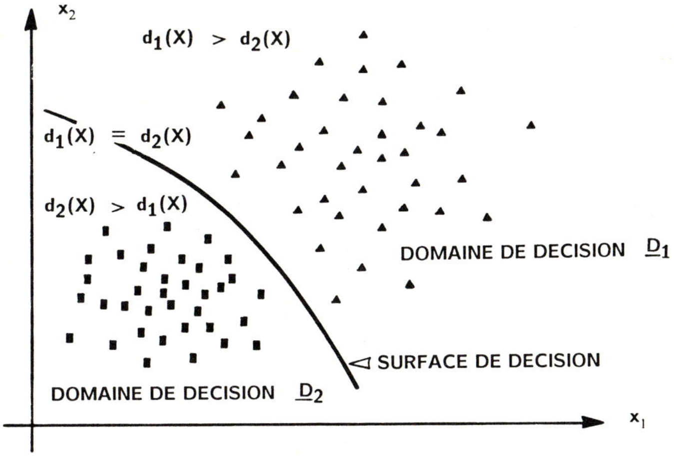

Figure III.6. : Surface et domaines de décision pour un problème bidimensionnel à deux classes.

Le choix des fonctions discriminantes n'est pas unique. On peut toujours multiplier l'ensemble de ces fonctions par une constante positive ou leur ajouter une constante sans modifier les décisions. De manière plus générale, on peut remplacer $d_q(X)$ par $f\ [d_q(X)]$, $q = 1,2,...,Q$, à condition que $f[.]$ soit une fonction croissante monotone.

Les procédures de décision optimales peuvent être définies en utilisant les fonctions discriminantes :

$$d_q(X) = -R(C_q \mid X) \quad , \quad q = 1,2,...,Q$$

de telle sorte que la fonction discriminante maximale corresponde à la pénalisation totale escomptée minimale.

Pour le cas de la pénalisation symétrique, on peut choisir :

$$d_q(X) = -R(C_q \mid X) + 1 = P(C_q \mid X)$$

ou :

$$d_q(X) = (-R(C_q \mid X) + 1).\ p(X) = p(X \mid C_q)\ .\ P(C_q)$$

ou encore :

$$d_q(X) = \mathrm{Log}\left[(-R(C_q \mid X) + 1).\ p(X)\right]$$

$$d_q(X) = \mathrm{Log}\ p(X \mid C_q) + \mathrm{Log}\ P(C_q)$$

Dans le cas de la pénalisation diagonale, nous retiendrons :

$$d_q(X) = -R\ (C_q \mid X) = h_q\ \ P(C_q \mid X)$$

ou :

$$d_q(X) = -R(C_q \mid X).\ p(X) = h_q\ \ p(X \mid C_q).\ P(C_q)$$

ou encore :

$$d_q(X) = \mathrm{Log}\left[-R(C_q \mid X).\ p(X)\right]$$

$$d_q(X) = \mathrm{Log}\ h_q + \mathrm{Log}\ p(X \mid C_q) + \mathrm{Log}\ P(C_q)$$

Ces différentes possibilités permettent de choisir la forme mathématique la mieux adaptée aux calculs.

III.4. PROBABILITE D'ERREUR

Les performances d'une procédure de classement ou de classification peuvent se mesurer en termes de probabilité d'erreur /5,6,7,8/.

Considérons un problème à deux classes pour lequel une surface de décision sépare l'espace des attributs en deux domaines de décision $\underline{D}_1$ et $\underline{D}_2$. En utilisant ces domaines pour classer des observations, on commet deux types d'erreur :

- une observation X peut être située dans $\underline{D}_1$ alors qu'elle appartient effectivement à la clase C_2 .

- une observation X peut être située dans $\underline{D}_2$ alors qu'elle appartient à la classe C_1 .

La probabilité d'erreur associée au partage d'un ensemble d'observations en deux classes selon leur position vis à vis des domaines $\underline{D}_1$ et $\underline{D}_2$ est alors :

$$P(\text{erreur}) = P(X \in \underline{D}_1, C_2) + P(X \in \underline{D}_2, C_1)$$

$$P(\text{erreur}) = P(X \in \underline{D}_1 \mid C_2).\ P(C_2) + P(X \in \underline{D}_2 \mid C_1).\ P(C_1)$$

$$P(\text{erreur}) = \int_{\underline{D}_1} p(X \mid C_2).\ P(C_2)\, dX + \int_{\underline{D}_2} p(X \mid C_1).\ P(C_1)\, dX$$

Ce résultat est illustré sur la figure III.8., pour un problème unidimensionnel. On constate aisément que si les domaines $\underline{D}_1$ et

$\underline{D}_2$ sont choisis arbitrairement, la probabilité d'erreur n'est pas minimale. Cette probabilité est minimale lorsque le point frontière entre $\underline{D}_1$ et $\underline{D}_2$ est situé en x_0 . Dans ce cas, la procédure revient à adopter la règle de décision déjà rencontrée au paragraphe III.2.2. :

$$\text{Décider } C_1 \quad \text{si} \quad p(x \mid C_1).\ P(C_1) > p(x \mid C_2).\ P(C_2)$$

$$\text{Décider } C_2 \quad \text{si} \quad p(x \mid C_1).\ P(C_1) < p(x \mid C_2).\ P(C_2)$$

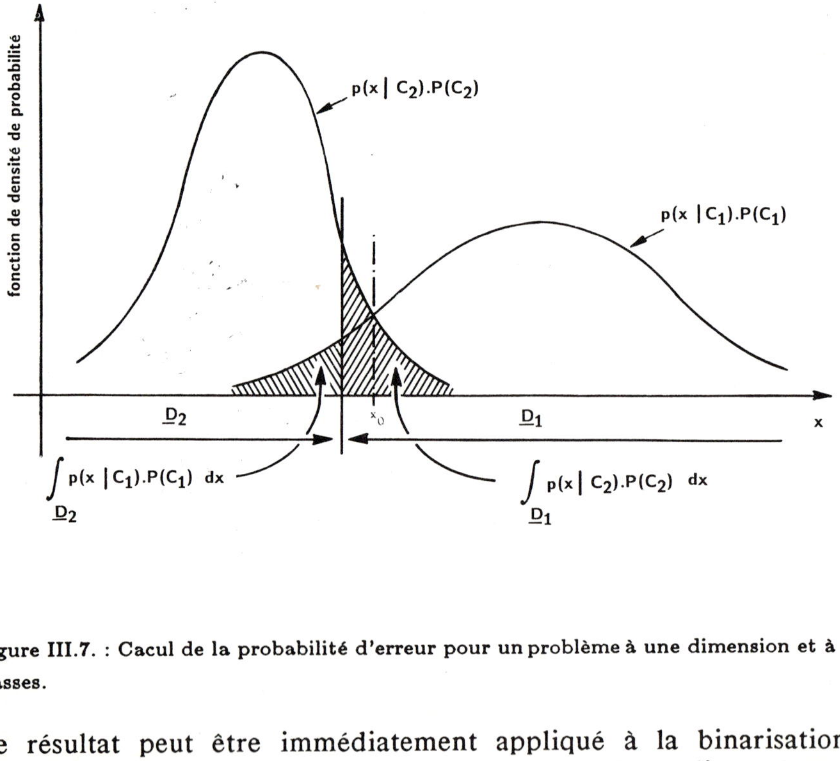

Figure III.7. : Cacul de la probabilité d'erreur pour un problème à une dimension et à deux classes.

Ce résultat peut être immédiatement appliqué à la binarisation de l'image des biscuits dans l'exemple du contrôle de qualité présenté au chapitre précédent. La valeur x_0 n'est autre que le seuil optimal défini sur l'histogramme des niveaux de gris de l'image analysée. Ce seuil permet en effet de séparer avec un taux d'erreur minimal les points appartenant aux biscuits de ceux constituant le fond.

On retrouve ici une règle bien connue des praticiens qui ajustent le seuil de binarisation au creux de la vallée séparant les deux modes de l'histogramme /9/.

Le calcul de la probabilité d'erreur de l'exemple à deux classes peut être aisément généralisé à un problème à classes multiples. Dans ce cas, il est plus facile de calculer la probabilité de prendre des décisions exactes que celle de commettre des erreurs :

$$P\ (\text{exacte}) = \sum_{q=1}^{Q} P(X \in \underline{D}_q, C_q)$$

$$P\ (\text{exacte}) = \sum_{q=1}^{Q} P(X \in \underline{D}_q \mid C_q).\ P(C_q)$$

$$P\ (\text{exacte}) = \sum_{q=1}^{Q} \int_{\underline{D}_q} p(X \mid C_q).\ P(C_q)\ dX$$

On sait que la stratégie optimale avec pénalisation symétrique maximise la quantité $p(X \mid C_q).\ P(C_q)$ dans chaque domaine $\underline{D}_q$. Elle maximise donc la probabilité de ne pas faire d'erreurs. Aucune autre partition de l'espace des attributs en domaines de décision ne peut donc conduire à une probabilité d'erreur plus petite. C'est pourquoi cette stratégie est généralement citée comme référence pour apprécier les performances des procédures de classement et de classification. Le taux d'erreur qui lui est associé, en dessous duquel il est théoriquement impossible de descendre, est qualifié de *taux d'erreur optimal*. On parle alors de procédures de classement ou de classification optimales.

BIBLIOGRAPHIE

/1/ NILSSON, N.J.
Learning machines : foundations of trainable pattern classifying systems
Mc Graw-Hill, N.Y., 1965

/2/ MEIZEL, W.S.
Computer - oriented approaches to pattern recognition
Academic Press, N.Y., 1972

/3/ DUDA R.O. and HART, P.E.
Pattern Classification and Scene Analysis
J. Wiley, N.Y., 1973

/4/ TOU J.T. and GONZALEZ R.C.
Pattern Recognition Principles
Addison - Wesley, Readings, MA, 1974

/5/ ALBRECHT R. and WERNER W.
Error analysis of a statistical decision method
IEEE Trans. Info Theory, Vol. IT-10, pp 34-38, 1964

/6/ CHU, J.T. and CHUEH J.C.
Error probability in decision functions for character recognition
J. A.C.M., Vol. 14, pp 273-280, 1967

/7/ LAINIOTIS D.G. and PARK S.K.
Probability of error bounds
IEEE Trans. Sys. Man Cyb., Vol. SMC-1, pp 175-178, 1971

/8/ MOBASSERI B.G. and MC GILLEM C.D.
Multiclass Bayes Error estimation by a feature space sampling technique
IEEE Trans Sys. Man Cyb, Vol. SMC-9, pp 660-665

/9/ ROSENFELD A. and KAK A.C.
Digital Signal Processing
Academic Press, N.Y., 1976

4

Classement par apprentissage

IV.1. LE CHOIX D'UN MODELE

La théorie de la décision indique comment implanter une procédure de classement optimal à partir de la connaissance des fonctions de densité conditionnelles $p(X \mid C_q)$ et des probabilités a priori $P(C_q)$ de chacune des classe C_q en présence.

En général, dans un problème pratique, on ne dispose pas de ces données. Dans l'exemple de la segmentation des images de biscuits du chapitre II, nous avons vu comment utiliser des prototypes de chacune des classes de points-image pour partitionner, au cours d'une phase d'apprentissage, l'espace des attributs en domaines de décision.

A la lumière de la théorie de la décision, nous allons maintenant préciser cette approche en montrant comment exploiter l'information apportée par les prototypes pour déterminer les caractéristiques statistiques de chacune des classes et implanter une stratégie de classement optimal.

Comme nous le verrons à la fin de cet ouvrage, et en particulier au chapitre IX, le champ d'application de cette approche déborde largement le cadre de la segmentation des images numériques. Nous présentons donc les problèmes de classement sans référence immédiate et explicite au traitement des images, tout en gardant à l'esprit que les "objets à classer" peuvent être, entre autres, des points-image. Les attributs sont alors des grandeurs locales mesurées ou calculées sur l'image numérique au niveau de chacun de ses points.

Deux approches au problème de classement sont exposées dans ce chapitre, selon que l'on suppose ou non l'existence d'un modèle mathématique pour les fonctions de densité de probabilité des classes en présence.

Nous commencerons par l'approche *paramétrique* en faisant l'hypothèse que les lois de distribution des vecteurs d'attributs suivent des modèles statistiques analytiques définis par quelques paramètres. Dans la pratique, nous nous limiterons à des distributions normales. En effet, s'il existe un grand nombre de modèles intéressants pour décrire des distributions monovariables, seule la loi normale s'avère réellement exploitable au niveau des manipulations mathématiques et utilisable du point de vue calcul dès qu'on aborde des problèmes multivariables. De plus, l'expérience montre que les distributions normales sont extrêmement courantes, particulièrement en traitement des images où les attributs utilisés sont souvent obtenus par sommation d'un grand nombre de variables aléatoires identiquement distribuées qui peuvent être considérées comme indépendantes.

Sous l'hypothèse normale, la méthode de classement paramétrique consiste à déterminer les paramètres du modèle analytique de la fonction de densité de chaque classe à partir des prototypes disponibles.

IV.2. LES DISTRIBUTIONS NORMALES

IV.2.1. Fonctions de densité normales monovariables

Une fonction de densité de probabilité normale monovariable, de la forme :

$$p(x) = \frac{1}{\sqrt{2\pi}\,\sigma} \exp\left[-1/2\left(\frac{x-\overline{x}}{\sigma}\right)^2\right]$$

est définie par deux paramètres, la moyenne $\overline{x}$ qui est l'espérance mathématique de la variable x :

$$\overline{x} = E\left[x\right] = \int_{-\infty}^{+\infty} x.p(x)\,dx$$

et la variance v , carré de l'écart-type σ , qui est l'espérance de $(x - \bar{x})^2$:

$$v = \sigma^2 = E\left[(x-\bar{x})^2\right] = \int_{-\infty}^{+\infty} (x-\bar{x})^2 .\ p(x)\, dx$$

Pour simplifier, on note :

$$p(x) = \mathcal{N}(\bar{x}, \sigma)$$

La figure III.1. représente une fonction de densité normale monovariable. Des observations unidimensionnelles, distribuées normalement, se regroupent autour de la moyenne $\bar{x}$ et approximativement 68 % d'entre elles sont situées dans l'intervalle $[\bar{x}-\sigma , \bar{x}+\sigma]$. Rappelons finalement que la fonction p(x) est concave à l'intérieur de l'intervalle $[\bar{x}-\sigma , \bar{x}+\sigma]$ et convexe à l'extérieur de celui-ci. Les points d'abscisse $\bar{x}-\sigma$ et $\bar{x}+\sigma$ sont les points d'inflexion de la fonction p(x) .

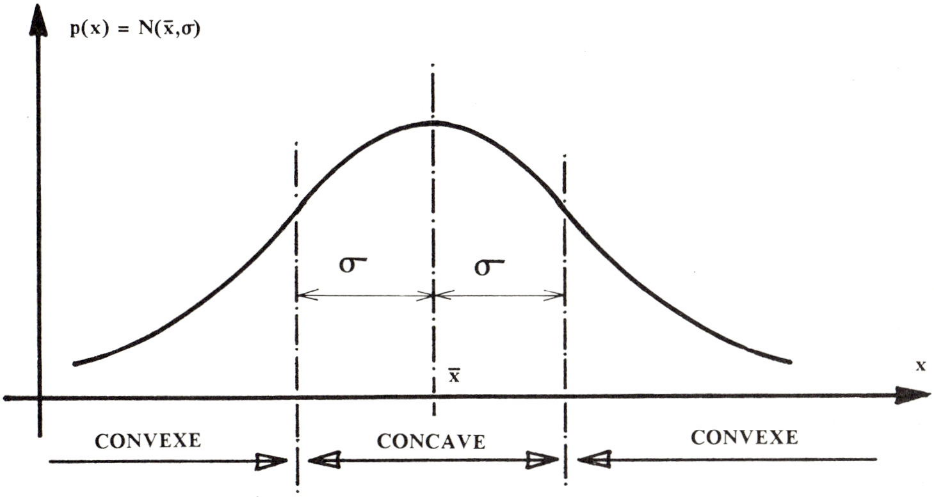

Figure IV.1. Fonction de densité de probabilité normale monovariable.

IV.2.2. Fonctions de densité normales multivariables

La forme générale des fonctions de densité normales multivariables est :

$$p(X) = \frac{1}{(2\,\pi)^{N/2}\,|S|^{1/2}} \exp\left[- 1/2\,(X-\bar{X})^T\ S^{-1}\ (X-\bar{X})\right]$$

où : $\overline{X} = E[X]$

est le vecteur moyenne de la distribution à N composantes et où:

$$S = E\left[(X-\overline{X})(X-\overline{X})^T\right]$$

est la matrice de covariance NxN de la distribution, de déterminant $|S|$ /1/ . Pour simplifier, on note :

$$p(X) = \mathcal{N}(\overline{X}, S)$$

Les éléments $\overline{x}_i$, i=1,2,..., N du vecteur moyenne et les éléments $v_{i,j}$, i=1,2,..., N ; j =1,2,...,N de la matrice de covariance peuvent être précisés sous la forme :

$$\overline{x}_i = E[x_i]$$

$$v_{ij} = E\left[(x_i-\overline{x}_i)(x_j-\overline{x}_j)\right]$$

Les matrices de covariance sont donc symétriques. A condition qu'aucun attribut ne présente une variance nulle, ces matrices sont définies positives.

Une fonction de densité de probabilité multivariable est donc définie par les $N + N(N+1)/2$ paramètres constitués des composantes du vecteur moyenne et des éléments indépendants de la matrice de covariance symétrique S .

Des observations multidimensionnelles distribuées normalement se regroupent autour du vecteur moyenne. La forme du groupement est déterminée par la matrice de covariance. En effet, les lieux des points de l'espace d'égale densité sont des hyperellipsoïdes définis par :

$$(X-\overline{X})^T \quad S^{-1} (X-\overline{X}) = C$$

Les directions principales de ces hyperellipsoïdes sont données par les vecteurs propres de la matrice S^{-1} . Les axes principaux sont concourants au point $\overline{X}$. L'axe principal associé à la valeur propre λ_n de S^{-1} a pour longueur :

$$L_n = 2\sqrt{C/\lambda_n} \quad , \quad n = 1,2,..., N$$

La figure IV.2. donne deux représentations des lignes d'égale densité d'une fonction de densité normale bi-dimensionnelle. La figure IV.3.

montre comment la forme du groupement des observations autour de la moyenne dépend de la matrice de covariance.

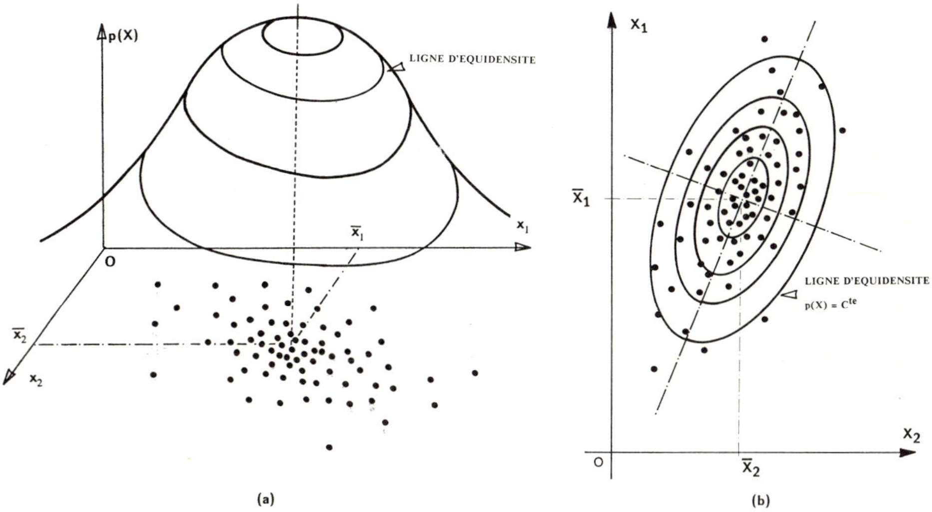

Figure IV.2. : Représentation d'une fonction de densité de probabilité normale bidimensionnelle.
(a) Représentation spatiale des lignes d'équidensité.
(b) Projection plane des lignes d'équidensité.

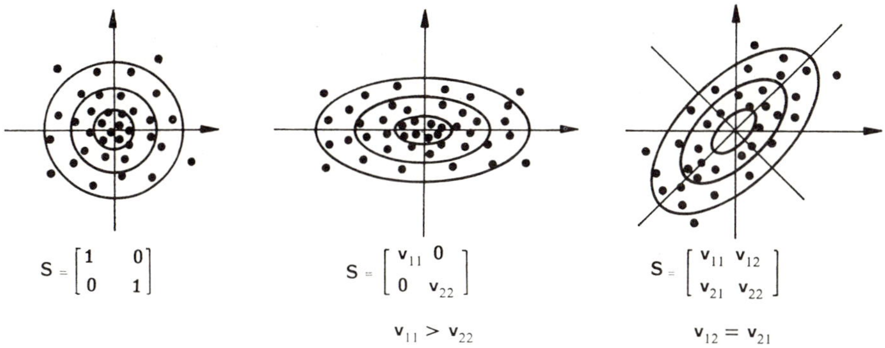

Figure IV.3. : Différentes formes de groupements d'observations bidimensionnelles autour du vecteur moyenne en fonction de la matrice de covariance.

IV.3. ESTIMATION DES PARAMETRES D'UNE DISTRIBUTION NORMALE

Supposons que l'on dispose de M prototypes provenant d'une classe C . A ces prototypes est associé un ensemble d'observations:

$$\mathcal{X} = \left\{ X_1, X_2, \ldots, X_m, \ldots, X_M \right\}$$

On se propose d'utiliser ces observations pour déterminer les paramètres de la distribution $\mathcal{N}(\overline{X}, S)$, supposée normale, des observations de la classe C . Parmi les nombreuses approches qui permettent d'atteindre ce but /2/, nous avons sélectionné celle qui conduit aux calculs les plus simples et les plus rapides.

En général, on admet que les prototypes sont tirés aléatoirement parmi les éléments de la classe C , indépendamment les uns des autres. Dans ces conditions, il vient :

$$p(\mathcal{X} \mid \overline{X}, S) = \prod_{m=1}^{M} p(X_m \mid \overline{X}, S)$$

La probabilité $p(\mathcal{X} \mid \overline{X}, S)$ d'obtenir l'ensemble $\mathcal{X}$ de prototypes par tirage aléatoire peut être considérée comme une fonction du vecteur moyenne $\overline{X}$ et de la matrice de covariance S . $p(\mathcal{X} \mid \overline{X}, S)$ est alors appelée la *vraisemblance* de $\overline{X}$ et de S par rapport à l'ensemble $\mathcal{X}$ des prototypes. Les valeurs $\hat{\overline{X}}$ et $\hat{S}$ de $\overline{X}$ et S qui maximisent la vraisemblance $p(\mathcal{X} \mid \overline{X}, S)$ sont les valeurs de $\overline{X}$ et de S pour lesquelles on a la plus grande probabilité d'obtenir l'ensemble $\mathcal{X}$ des prototypes.

Soit Z un vecteur de dimension N(N+3)/2 regroupant tous les paramètres indépendants du vecteur $\overline{X}$ et de la matrice S . Pour trouver l'estimation $\hat{Z}$ de Z qui maximise la vraisemblance, on peut maximiser son logarithme , la fonction logarithme étant croissante et monotone.

Soit :

$$L(Z) = \text{Log } p(\mathcal{X} \mid Z) = \sum_{m=1}^{M} \text{Log } p(X_m \mid Z)$$

Une condition nécessaire pour que L(Z) soit maximale est que :

$$\nabla_Z \left[L(Z) \right] = 0$$

avec $\nabla_Z [\cdot]$ représentant l'opérateur *gradient*.

IV.3.1. Cas monovariable

Pour présenter la méthode d'estimation des paramètres d'une distribution normale par maximisation de la vraisemblance, considérons d'abord le cas monovariable :

$$p(x) = \frac{1}{\sqrt{2\pi . v}} \exp\left[- 1/2 \; \frac{(x-\overline{x})^2}{v} \right]$$

Maximiser la vraisemblance d'un prototype x_m revient alors à maximiser l'expression :

$$\text{Log } p(x_m \,|\, \overline{x} , v) = - 1/2 \text{ Log } v - \frac{1}{2v} (x_m - \overline{x})^2$$

En posant $z_1 = \overline{x}$ et $z_2 = v$, la condition d'extrémum :

$$\nabla_z \left[L (Z) \right] = 0$$

prend la forme :

$$\sum_{m=1}^{M} \begin{bmatrix} \frac{1}{z_2} (x_m - z_1) \\ - \frac{1}{2z_2} + \frac{(x_m - z_1)^2}{2z_2^2} \end{bmatrix} = \begin{bmatrix} 0 \\ 0 \end{bmatrix}$$

Les composantes $\hat{z}_1$ et $\hat{z}_2$ de l'estimation de Z par maximisation de la vraisemblance sont les solutions du système d'équations :

$$\begin{cases} \displaystyle\sum_{m=1}^{M} \frac{1}{\hat{z}_2} (x_m - \hat{z}_1) = 0 \\ \displaystyle -\sum_{m=1}^{M} \frac{1}{\hat{z}_2} + \sum_{m=1}^{M} \frac{(x_m - \hat{z}_1)^2}{\hat{z}_2^{\,2}} = 0 \end{cases}$$

En notant $\hat{\overline{x}} = \hat{z}_1$ et $\hat{v} = \hat{z}_2$, on obtient finalement :

$$\hat{\overline{x}} = 1/M \sum_{m=1}^{M} x_m$$

$$\hat{v} = 1/M \sum_{m=1}^{M} (x_m - \hat{\overline{x}})^2$$

IV.3.2. Cas multivariable

L'estimation du vecteur moyenne et de la matrice de covariance dans le cas multivariable est en tout point semblable à l'estimation dans le cas monovariable /3/. Elle nécessite cependant des calculs beaucoup plus lourds et ne sera pas présentée. On aboutit finalement au résultat bien connu :

$$\hat{X} = 1/M \sum_{m=1}^{M} X_m$$

$$\hat{S} = 1/M \sum_{m=1}^{M} (X_m - \hat{X})(X_m - \hat{X})^T$$

L'estimateur du vecteur moyenne par maximisation de la vraisemblance n'est autre que la moyenne des M observations associées aux prototypes. L'estimateur de la matrice de covariance est la moyenne des M matrices carrées $(X_m - \hat{X})(X_m - \hat{X})^T$, $m = 1,2,...,M$. Bien que biaisés, ces estimateurs sont très couramment utilisés car ils sont bien adaptés au calcul sur ordinateur.

IV.3.3. Estimation récurrente de $\overline{X}$ et S

La détermination récurrente de $\hat{X}$ et de $\hat{S}$ permet de prendre en compte les prototypes de manière séquentielle, au fur et à mesure de leur disponibilité /4/. Soient $\hat{X}(M)$ et $\hat{S}(M)$ les estimateurs de X et de S, calculés sur la base de M prototypes. Examinons ce qu'apporte un prototype supplémentaire X_{M+1} pour le calcul du vecteur moyenne :

$$\hat{X}(M+1) = \frac{1}{M+1} \sum_{m=1}^{M+1} X_m$$

$$\hat{X}(M+1) = \frac{1}{M+1} \left[\sum_{m=1}^{M} X_m + X_{M+1} \right]$$

$$\hat{X}(M+1) = \frac{1}{M+1} \left[M.\hat{X}(M) + X_{M+1} \right]$$

Il est donc possible d'estimer $\overline{X}$ par récurrence à partir de la valeur initiale $\hat{X}(1) = X_1$. De manière analogue, partant de :

$$\hat{S}(M+1) = \frac{1}{M+1} \sum_{m=1}^{M+1} \left[X_m - \hat{X}(M+1)\right]\left[X_m - \hat{X}(M+1)\right]^T$$

on obtient :

$$\hat{S}(M+1) = \frac{1}{M+1}\left[\sum_{m=1}^{M+1} X_m \; X_m^T\right] - \hat{\bar{X}}(M+1) \, . \, \hat{\bar{X}}(M+1)^T$$

$$\hat{S}(M+1) = \frac{1}{M+1}\left[X_{M+1} \; X_{M+1}^T + \sum_{m=1}^{M} X_m \, X_m^T\right] - \hat{\bar{X}}(M+1) \; \hat{\bar{X}}(M+1)^T$$

$$\hat{S}(M+1) = \frac{1}{M+1}\left[X_{M+1} \; X_{M+1}^T + M \; \hat{S}(M) + M \; \hat{\bar{X}}(M) \; \hat{\bar{X}}(M)^T\right] - \frac{1}{(M+1)^2}\left[M \; \hat{\bar{X}}(M) + X_{M+1}\right]\left[M \; \hat{\bar{X}}(M) + X_{M+1}\right]^T$$

Le calcul de $\hat{S}$ peut donc s'effectuer de manière récurrente à partir de

$$\hat{S}(1) = X_1 \; X_1^T - \hat{\bar{X}}(1) \; \hat{\bar{X}}(1)^T = 0$$

IV.4. CLASSEMENT OPTIMAL PARAMETRIQUE

Considérons un problème de classement à Q classes C_q, $q = 1,\ldots, Q$ pour lesquelles on a collecté au cours de la phase d'apprentissage Q ensembles de prototypes $\mathcal{X}_q$, $q = 1,2,\ldots, Q$ représentatifs de chaque classe. Sous l'hypothèse normale, ces prototypes peuvent être utilisés pour estimer les paramètres des fonctions de densité de chaque classe. On se trouve alors face à Q problèmes indépendants, chaque ensemble de prototypes $\mathcal{X}_q$ permettant d'estimer les paramètres de la loi

$$p(X \mid C_q) = \mathcal{N}(\bar{X}_q \, , S_q)$$

par la méthode du maximum de vraisemblance.

Si on connaît les probabilités a priori de chacune des classes, les paramètres statistiques du mélange des différentes classes en présence sont alors tous connus. On peut ainsi implanter une procédure de classement optimal qui minimise le risque d'erreur en utilisant les fonctions discriminantes :

$$d_q(X) = \text{Log}\; p(X \mid C_q) + \log \; P(C_q) \; , \quad q = 1,2,\ldots, Q.$$

En remplaçant les valeurs exactes des paramètres de la distribution de chaque classe par les valeurs estimées, il vient :

$$\hat{d}_q(X) = -1/2[X - \hat{\bar{X}}_q]^T \; \hat{S}_q^{-1} \; [X - \hat{\bar{X}}_q] - 1/2 \text{ Log} |\hat{S}_q| + \text{Log } \hat{P}(C_q)$$

Le classement d'un objet non identifié sur lequel on a déterminé le vecteur d'attributs X se fait alors en appliquant la règle de décision suivante :

$$\text{Décider } X \in C_s \text{ si } \hat{d}_s(X) > \hat{d}_q(X), \quad \forall q \neq s$$

Les performances de la procédure dépendent essentiellement de la précision de l'estimation des paramètres statistiques qui est fonction du nombre de prototypes disponibles. Il est difficile de prévoir le taux d'erreurs de classement avec un échantillon limité de prototypes, mais on est assuré que ce taux tend vers l'optimum défini par la théorie de la décision lorsque le nombre de prototypes disponibles augmente.

Cette procédure de classement paramétrique peut être appliquée directement au problème de la segmentation des images présenté au chapitre II. Pour l'exemple du contrôle de qualité des biscuits, les observations X associées aux points-image prototypes obtenus durant la phase d'apprentissage permettent d'estimer les paramètres des fonctions de densité $P(X \mid C_1)$ et $P(X \mid C_2)$ des classes associées respectivement aux biscuits et au fond. Comme pour la majorité des applications industrielles, le grand nombre de points prototypes disponibles pour chaque classe assure une estimation de qualité satisfaisante. D'autre part, le déclenchement des prises de vues étant conditionné par l'arrivée des rangées de biscuits, on connaît avec une précision relativement bonne la surface du champ de vision de la caméra occupée par les biscuits, ce qui permet de déterminer les probabilités *a priori* $P(C_1)$ et $P(C_2)$ de chacune des classes.

IV.5. ESTIMATION NON PARAMETRIQUE DES FONCTIONS DE DENSITE

Dans la procédure de classement paramétrique présentée au paragraphe précédent, on suppose que les observations de chaque classe sont distribuées normalement. Grâce au grand nombre de paramètres qui la définisse, la loi normale permet de modéliser des distributions multidimensionnelles très variées. De plus, l'expérience montre que les lois normales, qui sont les plus répandues dans notre environnement, constituent de très bonnes approximations de la distribution des vecteurs d'attributs communément choisis en traitement des images.

Il peut cependant arriver que ce modèle, aussi souple soit-il, soit mal adapté à un problème de classement particulier. L'écart entre les fonctions de densité réelles des classes en présence et leurs modèles estimés est alors trop important pour obtenir de bonnes performances de classement.

Pour répondre à ce type de situations, nous présentons maintenant une seconde approche aux problèmes de classement qui permet de s'affranchir d'un modèle analytique pour les fonctions de densité sous-jacentes. Les méthodes de classement *non paramétriques* s'appuient sur une estimation explicite des fonctions de densité de probabilité : les prototypes de la classe C_q sont utilisés pour estimer point par point la valeur de la fonction de densité $p(X \mid C_q)$.

Les techniques d'estimation non paramétrique des fonctions de densité reposent sur des notions simples, mais la justification rigoureuse des propriétés de convergence des estimateurs demande certaines précautions et ne sera pas abordée.

IV.5.1. Principe d'estimation

Si on peut admettre qu'une fonction de densité $p(X)$ ne présente pas de variations importantes à l'intérieur d'un domaine D de l'espace des attributs, on peut confondre la valeur de la fonction $p(X)$ en tout point du domaine D avec la valeur moyenne de $p(X)$ sur ce domaine. Dans ces conditions, il vient :

$$p(X \mid X \in D) = \frac{\int_D p(X)\, dX}{\int_D dX} = \frac{P(X \in D)}{V[D]}$$

où $V[D]$ est le volume du domaine D et où $P(X \in D)$ est la probabilité qu'une observation X , distribuée selon la fonction de densité $p(X)$, soit située dans le domaine D .

Si parmi les M prototypes disponibles, t d'entre eux sont situés dans le domaine D , le rapport t/M constitue une estimation simple de $P(X \in D)$ et

$$\hat{p}(X \mid X \in D) = \frac{t/M}{V[D]}$$

est un estimateur de $p(X \mid X \in D)$.

Dans la pratique, on a besoin d'estimer $p(X)$ en différents points de l'espace des attributs. Soit X_0 un tel point. On utilise généralement un domaine $D(X_0)$ admettant X_0 pour centre de symétrie de telle sorte que l'on peut prendre pour estimation de $p(X_0)$ l'estimation de la valeur moyenne de $p(X)$ sur le domaine $D(X_0)$:

$$\hat{p}(X_0) = \hat{p}(X \mid X \in D(X_0)) = \frac{t/M}{V[D(X_0)]}$$

IV.5.2. Convergence de l'estimateur

Les possibilités d'utilisation de l'estimateur précédent dépendent de ses propriétés de convergence. Supposons que l'on fixe la taille du domaine $D(X_0)$ et que l'on dispose d'un nombre croissant de prototypes. Le rapport t/M converge alors en probabilité vers la valeur réelle $P(X \in D(X_0))$, mais on n'obtient qu'une version lissée de $p(X)$ en X_0 , lissage d'autant plus important que $V[D(X_0)]$ est grand.

Si on désire réduire l'effet de ce lissage spatial, il faut diminuer la taille du domaine $D(X_0)$. Mais, pour un nombre fini de prototypes, un domaine trop petit est presque toujours vide, excepté lorsque X_0 est proche d'une observation associée à l'un des prototypes. L'estimateur est alors nul dans presque tout l'espace, excepté en quelques points isolés où il prend des valeurs très élevées.

Pratiquement, le nombre de prototypes disponibles est toujours limité et la taille des domaines $D(X_0)$ ne peut devenir arbitrairement petite. Cette taille est en fait liée au nombre M de prototypes . Pour préciser cette notion, supposons que l'on désire estimer la fonction de densité $p(X)$ en X_0 avec un nombre croissant de prototypes, en commençant par un prototype, puis deux, puis trois, etc...

A chaque nombre M de prototypes disponibles correspond un domaine $D_M(X_0)$ de taille différente, selon le schéma du tableau IV.1.

NOMBRE DE PROTOTYPES	DOMAINE UTILISE
1	$D_1(X_0)$
2	$D_2(X_0)$
3	$D_3(X_0)$
⋮	⋮
m	$D_m(X_0)$
⋮	⋮
M	$D_M(X_0)$

Tableau IV.1. : Correspondance entre le nombre de prototypes disponibles et le domaine utilisé pour l'estimation.

Soit $V\left[D_M(X_0)\right]$ le volume du domaine $D_M(X_0)$ dans lequel sont situés t_M des M prototypes disponibles et soit $p_M(X_0)$ l'estimateur obtenu sous la forme :

$$\hat{p}_M(X_0) = \frac{t_M/M}{V\left[D_M(X_o)\right]}$$

On démontre /5/ que l'estimateur $\hat{p}_M(X_0)$ converge vers $p(X_0)$ si:

$$\lim_{M \to +\infty} V\left[D_M(X_0)\right] = 0$$

$$\lim_{M \to +\infty} t_M = +\infty$$

$$\lim_{M \to +\infty} t_M / M = 0$$

La première condition indique que la taille des domaines $D_M(X_0)$ décroît et tend vers zéro lorsque le nombre de prototypes disponibles augmente et tend vers l'infini. Il y a donc diminution de l'effet de lissage spatial lorsque le nombre de prototypes augmente. La seconde condition est nécessaire pour que le rapport t_M/M converge vers $P(X \in D(X_0))$ en probabilité alors que la troisième assure que l'estimateur $\hat{p}_M(X_0)$ converge lui-même vers $p(X_0)$.

Deux méthodes satisfaisant à ces trois conditions permettent de générer des domaines $D_M(X_0)$. La première consiste à lier la taille du domaine $D_M(X_0)$ au nombre M de prototypes disponibles. C'est la *méthode du noyau.* La seconde consiste à se fixer le nombre d'observations t_M en fonction du nombre M de prototypes et à faire croître la taille du domaine jusqu'à ce qu'il englobe t_M voisins de X_0 . C'est la méthode des *t_M plus proches-voisins.*

IV.5.3. Estimation par la méthode du noyau

Nous avons vu comment le dénombrement des prototypes situés dans le domaine $D_M(X_0)$ pouvait conduire à une mauvaise estimation de $p(X_0)$, l'estimateur prenant des valeurs nulles s'il n'y a pas de prototypes dans le domaine $D_M(X_0)$ et des valeurs élevées dans le cas contraire. Cet effet est moins sensible lorsque la taille du domaine $D_M(X_0)$ est correctement ajustée, mais il n'en demeure pas moins vrai que l'estimateur reste très sensible à la position des observations par rapport à la frontière du domaine. Une faible translation d'une observation proche de cette frontière peut faire augmenter ou diminuer t_M d'une unité et modifier brutalement la valeur estimée.

L'idée fondamentale associée à la méthode du noyau est de pondérer de manière continue la contribution de chaque prototype à l'estimation $\hat{p}(X_0)$ en fonction de la distance de l'observation correspondante au point X_0 /6,7/. L'estimateur est alors de la forme:

$$\hat{p}_M(X_o) = \frac{1}{M} \sum_{m=1}^{M} \frac{1}{V\left[D_M(X_o)\right]} \varphi\left(\frac{X_o - X_m}{h_M}\right)$$

où :

$$\mathcal{X} = \left\{ X_1, X_2, \ldots, X_m, \ldots, X_M \right\}$$

est l'ensemble des M prototypes disponibles. Dans la pratique, $D_M(X_0)$ est l'hypercube de côté h_M centré en X_0 et on a :

$$V\left[D_M(X_0)\right] = {h_M}^N$$

La fonction $\varphi(.)$ est appelée *noyau de l'estimateur.*

Pour que $\hat{p}_M(X_0)$ soit une fonction de densité de probabilité, le noyau doit satisfaire les deux conditions suivantes :

$$\varphi(X) \geqslant 0 \quad , \forall X$$

$$\int_{E^N} \varphi(X).\, dX = 1$$

Type de noyau	$\varphi(X)$
cubique*	$\varphi(X) = \begin{cases} 1 & \text{si } \lVert X \rVert < 1/2 \\ 0 & \text{si } \lVert X \rVert > 1/2 \end{cases}$
triangulaire	$\varphi(X) = \begin{cases} 1 - \lVert X \rVert & \text{si } \lVert X \rVert < 1 \\ 0 & \text{si } \lVert X \rVert > 1 \end{cases}$
normal	$\varphi(X) = 1/\sqrt{2\Pi}\, \exp(-X^2/2)$
exponentiel	$\varphi(X) = 1/2 \exp(-\lVert X \rVert)$
distribution de Cauchy	$\varphi(X) = 1/\Pi(1 - \lVert X \rVert^2)$

* : L'utilisation du noyau cubique revient à dénombrer les observations situées dans l'hypercube de côté $h_m/2$, centré en X_0. On retrouve l'estimateur présenté au paragraphe IV.2.

Tableau IV.2. : Noyaux usuels.

La convergence de l'estimateur $\hat{p}_M(X_0)$ vers $p(X_0)$ en tout point X_0 où $p(X)$ est continue est alors assurée si :

$$\lim_{\|X\| \to +\infty} \|X\|^N \varphi(X) = 0$$

et si :

$$\lim_{M \to +\infty} h_M = 0$$

$$\lim_{M \to +\infty} M\, h_M^N = +\infty$$

Les noyaux les plus utilisés sont indiqués dans le tableau IV.2.

La figure IV.4. donne l'allure de quelques noyaux dans le cas monovariable.

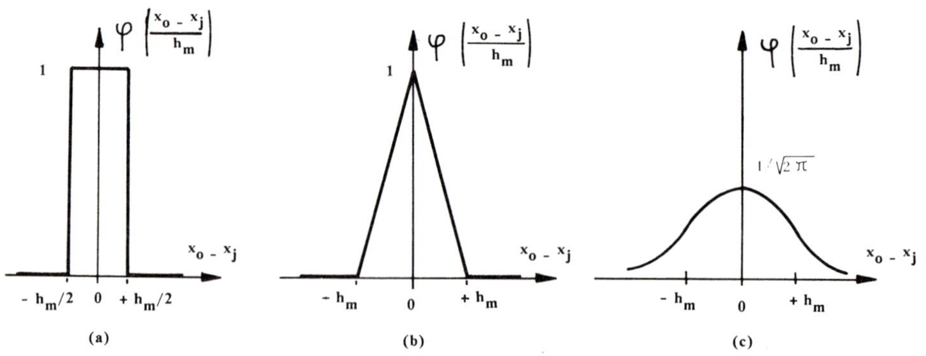

Figure IV.4. : Trois noyaux usuels montrant différentes pondérations de la contribution d'un prototype x_j à l'estimateur $\hat{p}(x_0)$ en fonction de la distance séparant x_0 de x_j .
(a) noyau cubique
(b) noyau triangulaire
(c) noyau normal ou gaussien.

L'estimateur de la méthode du noyau peut être interprété comme la superposition de M fonctions élémentaires, chacune d'elles représentant la contribution de l'un des prototypes disponibles. Pour les petites valeurs du paramètre ajustable h_M , seuls les prototypes proches du point X_0 contribuent efficacement à l'estimation de $p(X_0)$. Par contre, si h_M est grand, des observations éloignées de X_0 apportent également leur contribution à la valeur de $\hat{p}_M(X_0)$ (cf. Figure IV.5.).

On voit donc comment le choix de h_M détermine la qualité de l'estimation point par point d'une fonction de densité. Si h_M est trop petit, l'estimateur présente une trop grande variabilité spatiale, s'il est trop grand, l'estimateur n'a pas une résolution suffisante.

Avec un nombre limité de prototypes, on est donc contraint d'opter pour un compromis entre ces deux extrêmes, sachant que, quelque soit h_M , l'estimateur ne converge vers la vraie valeur de la fonction de densité que si l'on dispose d'un nombre illimité de prototypes. Le choix de h_M pour un ensemble fini de prototypes ne peut donc être qu'arbitraire et nécessite un certain savoir-faire de la part de l'analyste.

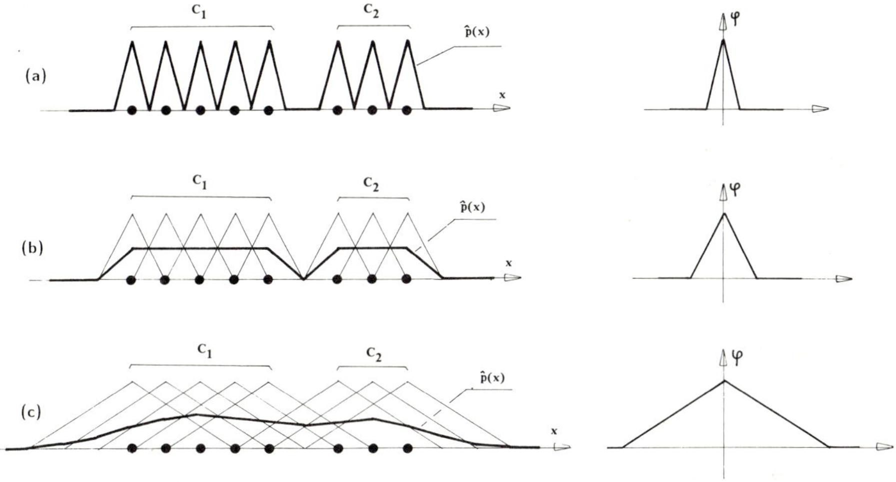

Figure IV.5. : Estimation de la fonction de densité sous-jacente à la distribution de deux classes de prototypes pour différentes valeurs du paramètre h_m . Cas monovariable - Noyau triangulaire.

La classe C_1 est formée des prototypes x_1, x_2, x_3, x_4 et x_5

La classe C_2 est formée des prototypes x_6, x_7 et x_8.

(a) h_M est trop petit : les variations de $\hat{p}_M(x)$ ne sont pas significatives

(b) h_M est correctement ajusté : la fonction de densité de chaque classe apparait nettement dans $\hat{p}_M(x)$.

(c) h_M est trop grand : les deux modes de $\hat{p}_M(x)$ sont à peine visibles.

Notons cependant que lorsque la taille de l'échantillon de prototypes est sujette à des variations, h_M doit être ajusté en fonction du nombre M de prototypes disponibles pour satisfaire les conditions de convergence. On peut, par exemple, lier h_M au nombre de prototypes en utilisant la relation :

$$h_M = h_0 / \sqrt{M}$$

ou la relation :

$$h_M = h_0 / \text{Log } M$$

Sans information supplémentaire, le choix de h_0 demeure arbitraire et reste à l'appréciation de l'analyste. Celui-ci a cependant la certitude que, lorsque le nombre de prototypes disponibles augmente, la procédure est asymptotiquement correcte.

IV.5.4. Estimation par la méthode des t_M plus proches voisins

L'ajustement du paramètre h_0 qui conditionne la qualité de l'estimation pour un nombre fini de prototypes est l'un des problèmes les plus délicats à résoudre en utilisant la méthode du noyau. Si h_0 est trop grand, on ignore des variations importantes de $p(X)$, s'il est trop petit, les variations de l'estimateur ne sont pas significatives. Dans la pratique, on constate même que des domaines de taille satisfaisante dans certaines régions de l'espace à forte densité de prototypes s'avèrent trop petits dans les régions à faible densité et réciproquement.

Pour pallier ces difficultés, on peut éviter de fixer arbitrairement la taille des domaines. Il existe pour cela une autre approche, dans laquelle cette taille est ajustée en fonction de la densité des prototypes dans le voisinage du point X_0 où on estime la fonction de densité. Il s'agit de la méthode des *t_M plus proches voisins* /8,9/.

Soit $D_r(X_0)$ un domaine de volume unité admettant X_0 pour centre de symétrie, tel que :

$$V\left[D_r(X_0)\right] = 1$$

Un tel domaine est appelé *domaine de référence.*

Soit $D(X_0, \alpha)$, le domaine homothétique du domaine de réference $D_r(X_0)$ dans une homothétie de centre X_0 et de rapport α , $\alpha > 0$. On montre aisément que :

$$V\left[D(X_0, \alpha)\right] = \alpha^N$$

La taille du domaine $D(X_0, \alpha)$, appelé *domaine d'observation*, est donc une fonction monotone croissante du rapport d'homothétie α .

La méthode d'estimation des t_M plus proches voisins consiste à faire croître la taille du domaine d'observation centré en X_0 jusqu'à ce qu'il englobe un nombre donné t_M de prototypes. Ce nombre t_M est, bien entendu, fonction du nombre M de prototypes disponibles. Ces t_M prototypes englobés dans le domaine $D(X_0, \alpha)$ sont les t_M plus proches voisins de X_0 . Si la densité des prototypes est élevée au voisinage de X_0 , la taille du domaine $D(X_0, \alpha)$ utilisé est relativement petite. Si, au contraire, la densité est faible, la taille du domaine utilisé est plus importante.

On connait les conditions de convergence de l'estimateur :

$$\hat{p}_M(X_0) = \frac{t_M/M}{V\,[D(X_0, \alpha)]}$$

vers $p(X_0)$ en tout point X_0 où $p(X)$ est une fonction continue. Les relations :

$$t_M = t_0 \sqrt{M}$$

et

$$t_M = t_0 \text{ Log } M$$

satisfont ces relations et conduisent à deux familles usuelles d'estimateurs convergents.

Comme pour la méthode du noyau, si on ne dispose d'aucune information supplémentaire, le choix de t_0 demeure arbitraire et reste à l'appréciation de l'analyste. Cependant, quelle que soit la valeur retenue, on est assuré du comportement asymptotique satisfaisant de l'estimateur.

IV.6. CLASSEMENT OPTIMAL NON PARAMETRIQUE

Revenons au problème de classement. Supposons que l'on soit en présence de Q classes et que l'on dispose, pour chacune d'elles, d'un ensemble $\mathcal{X}_q$, $q = 1,2,\ldots, Q$, de prototypes. Soit X_0 une observation provenant d'un objet non identifié à classer.

Les techniques présentées dans ce chapitre permettent d'estimer séparément les Q valeurs $p(X_0 \mid C_q)$ des fonctions de densité des Q classes en X_0 . La connaissance des probabilités a priori des Q classes permet alors d'estimer les Q valeurs des probabilités a posteriori :

$$\hat{P}(C_q \mid X_0) = \frac{\hat{p}(X_0 \mid C_q)\, \hat{P}(C_q)}{\hat{p}(X_0)}$$

où :

$$\hat{p}(X_0) = \sum_{q=1}^{Q} \hat{p}(X_0 \mid C_q) \cdot \hat{P}(C_q)$$

On sait qu'en affectant l'observation X_0 à la classe pour laquelle la probabilité a posteriori est maximale, on obéit à la règle de classement optimale qui minimise le taux d'erreur. La procédure permet donc d'approcher la règle de décision optimale lorsque l'on dispose d'un nombre de prototypes suffisant pour assurer une bonne estimation des probabilités a posteriori, ce qui est généralement le cas en traitement d'image comme, par exemple, pour le problème de segmentation de l'image des biscuits en vue du contrôle de qualité. La procédure de classement non paramétrique est très semblable à celle du classement paramétrique envisagée précédemment. Les fonctions de densité de probabilité $p(X \mid C_1)$ et $p(X \mid C_2)$ sont estimées durant la phase d'apprentissage et les probabilités a priori $P(C_1)$ et $P(C_2)$ sont connues grâce au contrôle de la disposition des biscuits sur le convoyeur. La figure IV.6. présente les résultats de la segmentation de l'image des biscuits de la figure II.2. en utilisant le vecteur d'attributs constitué du niveau de gris et du paramètre de texture définis au chapitre II. Sur cet exemple, où les observations suivent de très près des lois de distribution normales (cf. Figure II.3.), on constate que les régions mises en évidence en utilisant la procédure de classement paramétrique (Figure IV.6.(a)) et la procédure de classement non paramétrique (Figure IV.6.(b)) sont sensiblement les mêmes.

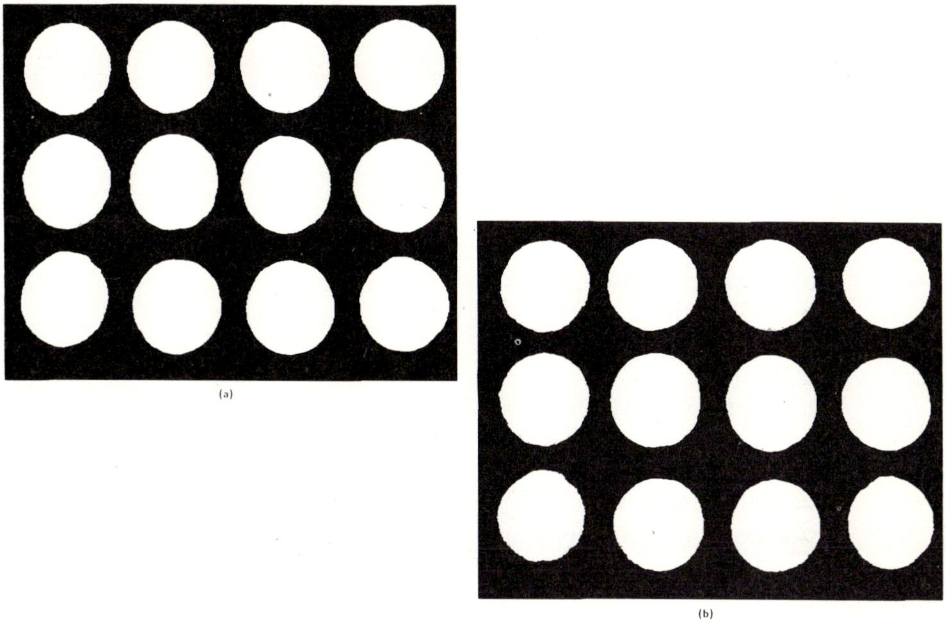

Figure IV.6. : Segmentation de l'image de la figure II.2.
(a) par classement paramètrique des points-image
(b) par classement non paramètrique des points-image.

Que ce soit sous l'hypothèse paramétrique ou sous l'hypothèse non paramétrique, les procédures de classement permettent d'assigner des objets inconnus à des classes définies à partir de prototypes. Ceux-ci apportent les connaissances de référence indispensables à l'implantation des règles de décision optimales. Dans le cadre de la segmentation des images, ces procédures ne peuvent s'appliquer que si l'on dispose d'échantillons de référence pour chaque type de région recherchée. Le problème devient beaucoup plus délicat lorsque ces connaissances de référence ne sont plus accessibles. Il faut alors abandonner les procédures de classement et s'orienter vers les procédures de classification sans prototype qui font l'objet des deux chapitres suivants.

BIBLIOGRAPHIE

/1/ SEBER, G.A.F.
Multivariates observations
John Wiley, N.Y., 1984

/2/ HOEL, P.G.
Introduction to Mathematical Statistics
John Wiley, N.Y., 1971

/3/ ANDERSON, T.W.
Introduction to multivariate statistics
John Wiley, N.Y., 1958

/4/ TOU, J.T. and GONZALEZ R.C.
Pattern Recognition Principles
Addison-Wesley, Readings M.A., 1974

/5/ WEGMAN, E.J.
Non parametric probability density estimation I. A summary of available methods
Technometrics, Vol. 14, pp 533-546, 1972

/6/ ROSENBLATT, M.
Remarks on some non parametric estimates of a density fonction
Ann. Math. Stat., Vol. 27, pp 832-837, 1956

/7/ PARZEN, E.
On estimation of a probability density function and mode
Ann. Math. Stat., Vol. 33, pp 1065-1076, 1962

/8/ LOFTSGRARDEN, D.O. and QUESENBERNY, C.P.
A non parametric estimate of a multivariate density function
Ann. Math. Stat., Vol. 36, pp 1049-1051, 1965

/9/ COVER, T.M. and HART, P.E.
Nearest neighbor pattern classification
IEEE Trans. Info. Theory, Vol. IT-13, pp 21-27, 1967

5

Classification automatique non paramétrique

(paramétrique cf Chapitre 6 p.99)

V.1. L'APPROCHE NON PARAMETRIQUE

Avec l'exemple du contrôle de qualité des biscuits, nous avons vu qu'il n'est pas toujours possible de sélectionner des points-image représentatifs de chaque région pour segmenter une image. En effet, dans l'hypothèse où on ne contrôle pas les conditions d'éclairage, il est impossible de procéder à la phase d'apprentissage qui permettrait de déterminer les propriétés statistiques des deux classes en présence. Il peut même arriver que l'on ne connaisse pas non plus le nombre de classes en présence. Pour illustrer de telles situations, prenons l'exemple de l'inspection automatique des tissus unis en confection, avant la découpe /1,2,3/. Cette inspection peut être confiée à un système de vision équipé d'une caméra-ligne placée au dessus du tissu en défilement sur un convoyeur /4/. Dans ces caméras, les éléments photosensibles, disposés en ligne, constituent une barette dont la résolution peut être supérieure à celle des capteurs matriciels. On trouve couramment des barettes de 1024 et 2048 points élémentaires et il existe des capteurs linéaires à 4 096 points.

Pour obtenir une image de la surface à inspecter avec une caméra ligne, il faut que le matériau se déplace selon un mouvement de translation perpendiculaire à la barette. En déclenchant les prises de vues par l'intermédiaire d'un générateur d'impulsions entraîné par l'avance du matériau, on reconstitue l'image de la surface en mouvement ligne par ligne, avec un pas longitudinal constant (figure V.1.). A une bonne définition transversale de l'image, cette technique associe l'avantage de n'être limitée en longueur que par la taille de la mémoire disponible pour stocker l'information.

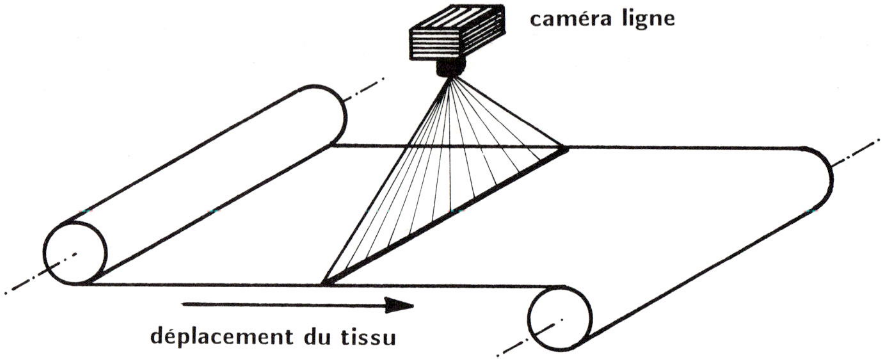

Figure V.1. : Dispositif d'inspection automatique avec caméra-ligne.

Le matériau textile et la couleur des tissus varient selon la production de l'atelier de confection. De plus, les défauts rencontrés tels que taches, zones décolorées, trous, etc..., ont des aspects visuels extrêmement variables et rarement prédictibles. Il est donc difficile, sinon impossible, de mémoriser les caractéristiques des anomalies à détecter et de la collection complète des tissus à inspecter. Dans une telle situation, on ne peut classer les points de l'image analysée qu'en utilisant l'information contenue dans l'image elle-même, aucune autre information sur l'aspect des défauts et du tissu n'étant a piori disponible.

Pour illustrer ces propos, supposons que l'on inspecte des tissus unis de couleurs foncées sur lesquels peuvent apparaître des taches claires dues à des décolorations accidentelles et des trous résultant d'incidents lors de la fabrication (cf. figure V.2.). Ce problème d'inspection, volontairement simplifié, consiste alors à identifier et à reconnaître ces deux types de défauts. En utilisant un éclairage par transparence, les décolorations sur un tissu léger ont sensiblement le même niveau de gris que les trous, mais leurs textures sont différentes. C'est la raison pour laquelle il convient de déterminer simultanément deux attributs en chaque point de l'image : le niveau de gris et un paramètre représentatif de la texture, analogue à celui utilisé pour caractériser les biscuits au chapitre II.

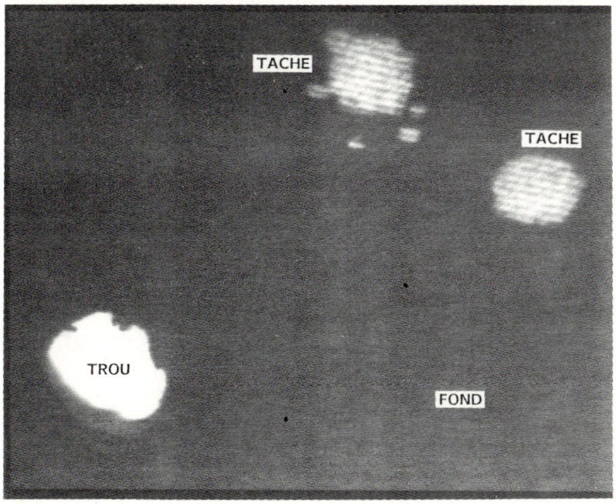

Figure V.2. : Image de défauts sur un tissu foncé.

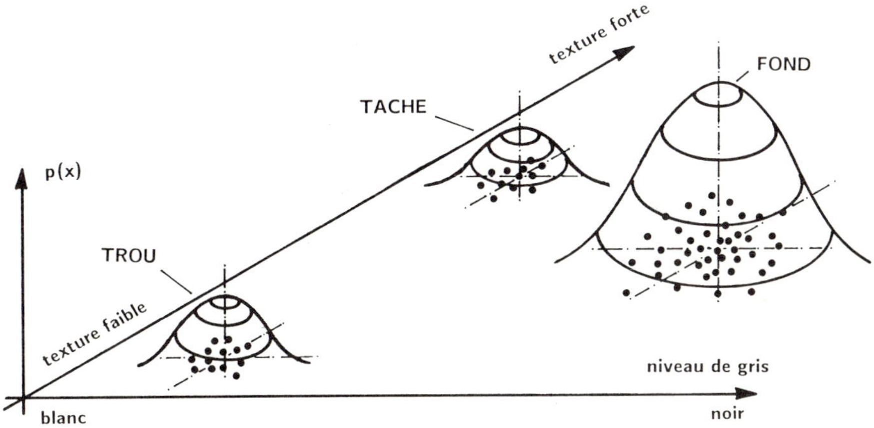

Figure V.3. : Représentation dans le plan des attributs de quelques observations associées aux points de l'image de la figure V.2.

La fonction de densité de probabilité associée à la distribution des observations bidimensionnelles représentant les points de l'image fait alors apparaître trois modes distincts (cf. Figure V.3.). Le mode le plus important correspond au fond de l'image, c'est-à-dire au tissu sans défaut dont le niveau de gris et la texture présentent une faible dispersion autour de leurs valeurs moyennes. Les niveaux de gris des points correspondant à ce mode sont élevés. Les paramètres de texture associés dépendent de la nature du tissu. Les deux autres petits modes correspondent aux défauts. Ils présentent tous deux un faible niveau de gris, mais la tache décolorée possède une texture semblable à celle du tissu sans défaut. Par contre, les paramètres de texture des points de l'image situés dans un trou sont proches de zéro, aucun fil de trame ni de chaîne ne venant s'interposer entre la caméra et le support sur lequel glisse le tissu.

La figure V.4. représente la fonction de densité de probabilité sous-jacente à la distribution des observations bidimensionnelles associées aux points de l'image de la figure V.2., estimée par la méthode des noyaux.

Si différents types de tissus doivent être contrôlés par la même station d'inspection, on ne peut connaître a priori la position des modes dans l'espace des attributs, ni même leur nombre qui dépend de la présence effective des anomalies. On ne connaît pas davantage les surfaces respectives des défauts par rapport à la surface inspectée. Ainsi, sans connaître le nombre de composantes de ce mélange, ni avoir accès à leurs caractéristiques statistiques, ni à leurs probabilités a priori, il s'agit de regrouper les points-image en classes significatives. On se trouve confronté à un problème de classification automatique, tel que nous l'avons défini au chapitre II. Seule l'analyse des observations disponibles (ici les vecteurs des attributs : niveau de gris/texture) sur les objets à classer (ici les points de l'image) doit permettre de découvrir les groupements significatifs.

Nous abordons donc maintenant un problème plus ambitieux et beaucoup plus délicat que celui du classement avec prototypes : celui de la classification automatique.

Nous nous situons délibérément dans le cas le plus difficile, où la seule information disponible est celle qui peut être extraite de l'ensemble des observations à classer. On ne dispose d'aucun prototype identifié et d'aucune information a priori sur les classes en présence, leur nombre n'étant même pas connu à l'avance.

On peut se demander si classer des observations dans un contexte si mal défini n'est pas une gageure. Nous allons montrer comment on peut utiliser les observations à classer elles-mêmes pour mettre en évidence la structure statistique de leur distribution.

Dans le contexte de la classification, il n'est plus possible de déterminer séparément les caractéristiques statistiques de chaque classe. La seule information accessible à partir des données disponibles est la fonction de densité de probabilité sous-jacente à la distribution de l'ensemble des observations à classer.

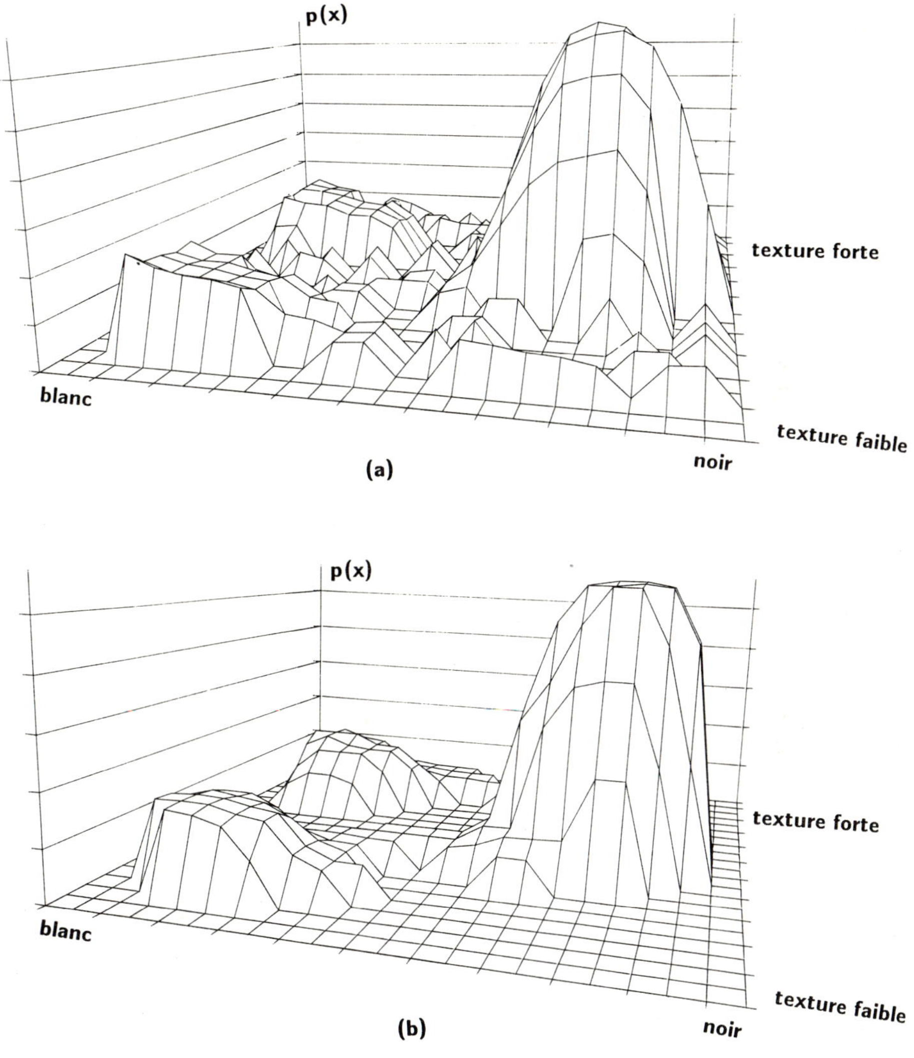

Figure V.4.: Fonction de densité de probabilité de la distribution des observations associées aux points de l'image du tissu de la figure V.2.
(a) Estimation brute : les modes de la fonction de densité sont noyés dans du bruit.
(b) Estimation après filtrage : les modes attendus apparaissent nettement.

Lorsqu'on ne fait référence à aucun modèle probabiliste, l'approche *non-paramétrique* repose sur la notion de *détection des modes*. En effet, les modes, ou maximas locaux de la fonction de densité sous jacente, correspondent aux groupements d'observations dans l'espace des attributs. On peut donc supposer qu'il existe une correspondance bijective entre ces modes et les classes en présence (cf. figure V.5.).

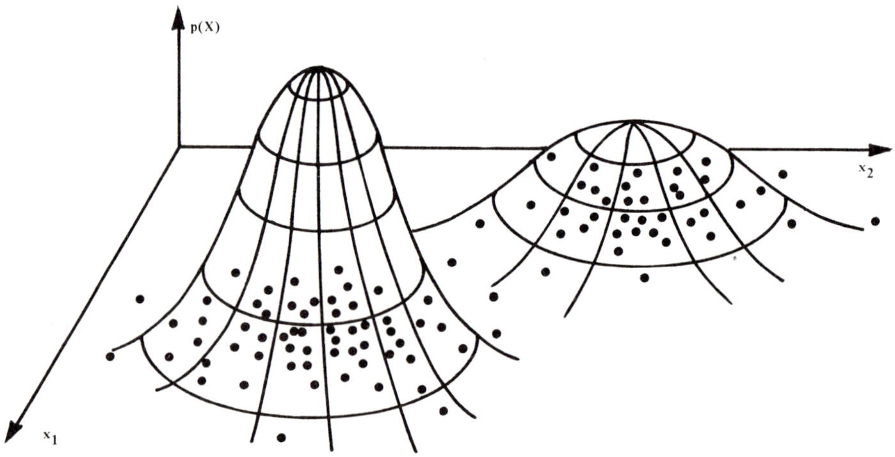

Figure V.5. : Corrrespondance entre les classes en présence et les modes de la fonction de densité de probabilité.

On distingue deux types d'approche pour détecter des modes, selon que ceux-ci sont considérés comme des *maximas locaux* de la fonction de densité sous-jacente ou comme des régions où cette fonction est *concave*. Dans le cadre de la première approche, les méthodes de détection des modes nécessitent en premier lieu soit une estimation directe du gradient de la fonction de densité à partir des observations /5/, soit une estimation de cette fonction suivie d'une détermination de son gradient /6,7,8/. Quelle que soit la manière dont le gradient est obtenu, les modes sont détectés en remontant les "pentes" de la fonction de densité. Pour présenter cette technique, nous exposons ci-après une méthode basée sur l'estimation directe du gradient alors que la seconde approche est illustrée par une procédure de détermination de la concavité de cette fonction /9,10,11/.

V.2. ESTIMATION DU GRADIENT D'UNE FONCTION DE DENSITE

La direction du gradient en un point d'une fonction multivariable indique en général la direction du maximum local le plus proche. Pour exploiter cette information, il convient donc d'estimer le gradient de la fonction de densité de probabilité sous-jacente à partir des observations à classer.

Nous avons vu au chapitre précédent comment estimer une fonction de densité $p(X)$ en un point X par la méthode du noyau sous la forme :

$$\hat{p}_M(X_0) = 1/M \sum_{m=1}^{M} \frac{1}{h_M^N} \varphi\left(\frac{X_o - X_m}{h_M}\right)$$

Soit : $\nabla_X [p(X_0)]$ le vecteur gradient de $p(X)$ en X_0 estimé par $\hat{\nabla}_X [\hat{p}_M(X_0)]$, tel que :

$$\hat{\nabla}_X \left[\hat{p}_M(X_0)\right] = 1/M \sum_{m=1}^{M} \frac{1}{h_M^N} \nabla_X\left[\varphi\left(\frac{X_o - X_m}{h_M}\right)\right]$$

où :

$$\nabla_X\left[\varphi\left(\frac{X_o - X_m}{h_M}\right)\right] = \left[\frac{\partial \varphi\left(\frac{X_o - X_m}{h_M}\right)}{\partial x_1}, \ldots\ldots\ldots, \frac{\partial \varphi\left(\frac{X_o - X_m}{h_M}\right)}{\partial x_N}\right]^T$$

avec :

$$X = \left[x_1, x_2, \ldots, x_n, \ldots, x_N\right]^T$$

L'écriture de cet estimateur peut être simplifiée en introduisant l'opérateur $\nabla \varphi(X)$ tel que :

$$\nabla \varphi(X) = \left[\frac{\partial \varphi(X)}{\partial x_1}, \ldots\ldots\ldots\ldots\ldots, \frac{\partial \varphi(X)}{\partial x_N}\right]^T$$

Dans ces conditions, il vient :

$$\hat{\nabla}_X\left[\hat{p}_M(X_0)\right] = 1/M \sum_{m=1}^{M} \frac{1}{h_M^{N+1}} \nabla \varphi\left(\frac{X_o - X_m}{h_M}\right)$$

On montre que cet estimateur converge vers la valeur réelle du gradient si :

$$\lim_{\|X\| \to +\infty} \|X\|^N . \nabla\varphi(X) = 0$$

et si :

$$\lim_{M \to +\infty} h_M = 0$$

$$\lim_{M \to +\infty} M\,(h_M)^{N+2} = +\infty$$

Le noyau gaussien est sans doute le plus connu des noyaux différentiables qui satisfont les conditions de convergence asymptotique de l'estimateur du gradient. Avec :

$$\varphi(X) = \frac{1}{(2\Pi)^{N/2}} \exp\left[-1/2\ X^T X\right]$$

on obtient :

$$\hat{\nabla}_X \left[\hat{p}_M(X_0)\right] = 1/M \sum_{m=1}^{M} \frac{1}{(2\Pi)^{N/2}} \frac{1}{h_M^{N+2}} (X_m - X_o)$$

$$. \exp\left[-1/2 \left(\frac{X_o - X_m}{h_M}\right)^T \left(\frac{X_o - X_m}{h_M}\right)\right]$$

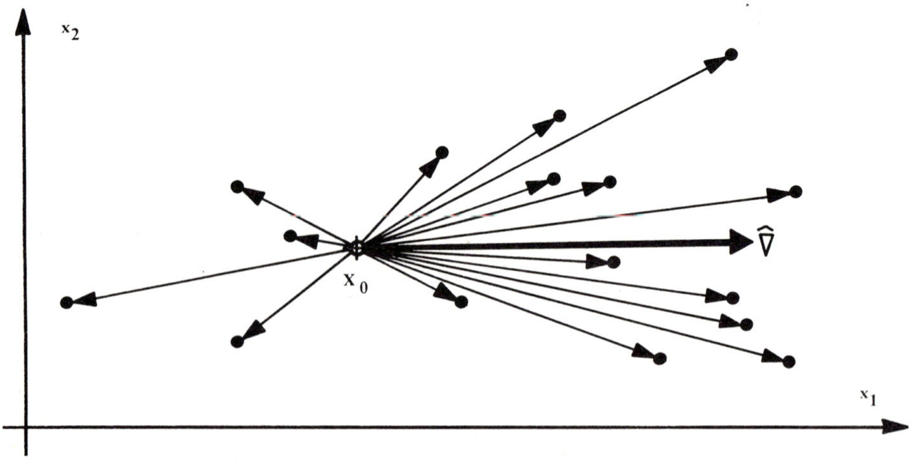

Figure V.6. : Interprétation géomètrique de l'estimateur du gradient.

L'expression de l'estimateur $\hat{\nabla}_X \left[\hat{p}_M(X_0) \right]$ peut être considérée comme la somme pondérée des vecteurs $(X_m - X_0)$, $m = 1, 2, ...,$ M , qui admettent X_0 pour origine commune et les observations X_m , $m = 1, 2, ..., M$, pour extrémités (cf. Figure V.6.). Chaque vecteur $(X_m - X_0)$ est pondéré par le coefficient :

$$a \cdot \exp \left[- \frac{(X_0 - X_m)^2}{2h_M^2} \right]$$

avec :

$$a = \frac{1}{M(2\Pi)^{N/2} \quad h_M^{N+2}}$$

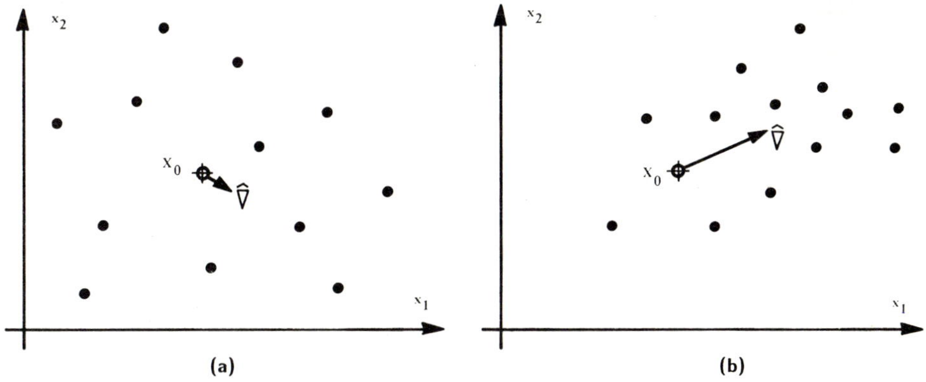

Figure V.7. : L'estimation du gradient indique la direction de la plus forte pente de la fonction de densité sous-jacente.
(a) - fonction uniforme
(b) - fonction aux abords d'un mode.

Cette pondération assure la prépondérance des observations situées dans le voisinage de X_0 dans le calcul de l'estimateur dont l'interprétation est immédiate. Si la fonction de densité $p(x)$ présente peu de variations autour de X_0 , les observations sont réparties uniformément dans toutes les directions autour de ce point et le gradient est faible (cf. figure V.7.a.). Si par contre la fonction de densité sous-jacente présente une croissance rapide dans une direction donnée, les observations sont plus nombreuses dans cette direction que dans les autres (cf. Figure V.7.b.). L'estimateur du gradient est donc orienté vers cette direction et son module est d'autant plus grand que l'accumulation des observations dans cette direction est importante.

V.3. CLASSIFICATION PAR LA METHODE DU GRADIENT

Une méthode efficace pour identifier les classes en présence dans un ensemble d'observations totalement inconnues est d'assigner chaque observation au mode le plus proche de la fonction de densité sous-jacente. La procédure peut être conduite de manière itérative en répétant l'opération élémentaire qui consiste à déplacer d'un pas chacune des observations X_m , m = 1, 2, ..., M, dans la direction du gradient estimé en X_m . On répète cette opération sur les observations ainsi transformées jusqu'à ce qu'elles se regroupent autour des modes (cf. figure V.8.).

Partant de $X^o_m = X_m$, m = 1, 2, ..., M , l'algorithme récurrent de classification est de la forme :

$$X^{i+1}_m = X^i_m + \lambda . \hat{\nabla}_x \left[\hat{p}_M(X^i_m)\right]$$

Le choix du paramètre λ , qui conditionne la convergence de l'algorithme, est de la toute première importance. Comme pour toutes les méthodes itératives basées sur l'opérateur gradient, l'ajustement de ce paramètre nécessite un certain doigté. La figure V.9. indique les déplacements successifs de quelques observations pour un problème de classification bidimensionnel à deux classes.

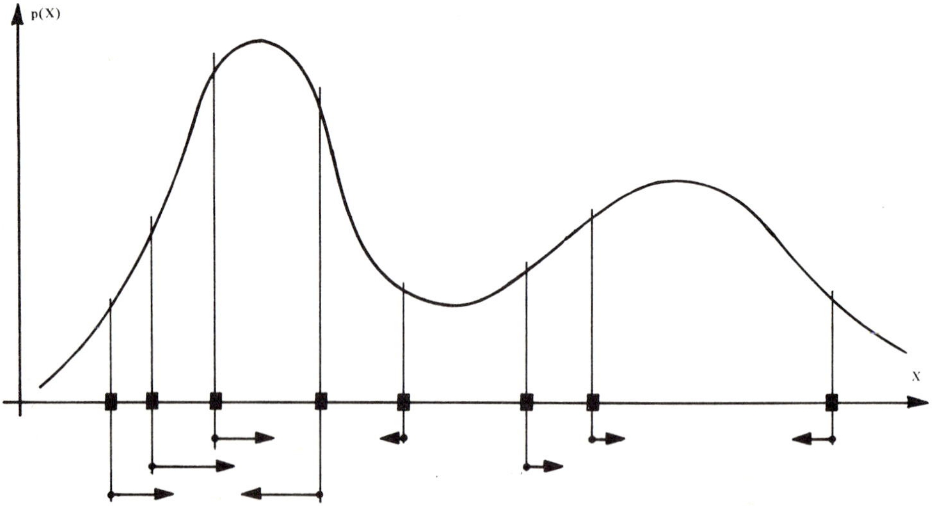

Figure V.8. : Déplacements de quelques observations dans la direction du mode le plus proche.

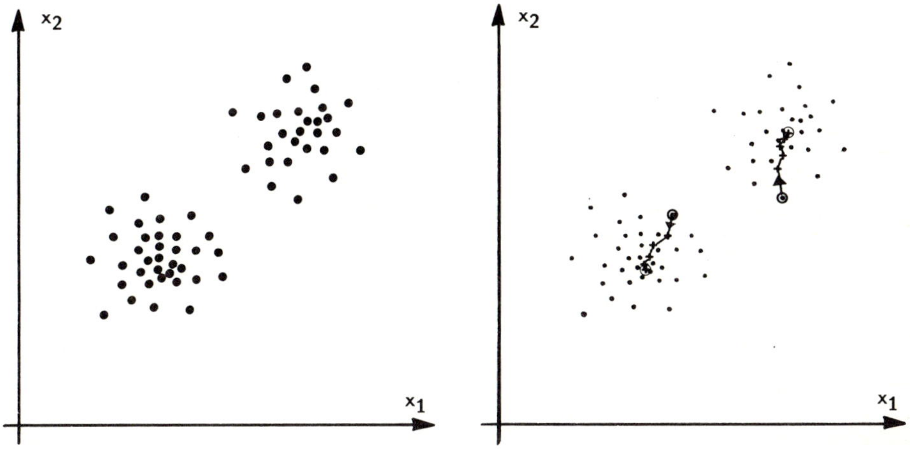

Figure V.9. : Déplacements successifs de deux observations vers le mode le plus proche.

V.4. DETERMINATION DE LA CONCAVITE D'UNE FONCTION DE DENSITE

La méthode de classification basée sur la notion de gradient présente le grand avantage de prendre en compte les propriétés locales de la distribution des observations à classer. Mais elle ne peut échapper aux inconvénients bien connus liés à l'utilisation des opérateurs différentiels : elle est très sensible aux irrégularités de la distribution des observations qui ont tendance à se regrouper autour de maximums locaux non significatifs de la fonction de densité.

Une autre approche, plus robuste, consiste à considérer un mode, non plus comme un maximum local de la fonction de densité sous-jacente, mais comme un domaine de l'espace des attributs où cette fonction est *concave*. Les modes sont alors séparés par des vallées *convexes*. La mise en oeuvre de cette approche est basée sur la détermination du sens de la convexité d'une fonction de densité à partir des observations disponibles.

Considérons un *domaine d'observation* $D(X_0,\alpha)$, centré en X_0 et homothétique dans un rapport α d'un *domaine de référence* $D_r(X_0)$, symétrique par rapport à X_0 , tel qu'il a été défini au paragraphe IV.5. Soit :

$$\rho\left[D(X_0,\alpha)\right] = \frac{\displaystyle\int_{D(X_0,\,\alpha)} p(Z)\, dZ}{\displaystyle\int_{D(X_0,\,\alpha)} dZ}$$

la valeur moyenne de la fonction de densité $p(X)$ dans le domaine $D(X_0,\alpha)$. Le point X_0 étant fixé, on peut considérer la valeur moyenne $\rho\left[D(X_0,\alpha)\right]$ comme une fonction de la taille du domaine d'observation $D(X_0,\alpha)$. Le sens de variation de cette fonction de α dépend alors du sens de la concavité de $p(X)$ au voisinage de X_0 . Plus précisément, si, lorsque α croît, les domaines $D(X_0,\alpha)$ demeurent à l'intérieur d'une région où $p(X)$ est convexe, la valeur moyenne de $p(X)$ est une fonction croissante de la taille de ces domaines. Le minimum de $\rho\left[D(X_0,\alpha)\right]$ est alors atteint pour $\alpha = 0$ et a pour valeur $p(X_0)$. De manière analogue, lorsque tout en augmentant de taille, les domaines d'observation restent situés dans une région où la fonction $p(X)$ est concave, la valeur moyenne $\rho\left[D(X,\alpha)\right]$ de $p(X)$ est une fonction monotone décroissante de α . Son maximum $p(X_0)$ est atteint pour $\alpha = 0$ /9/.

Cette propriété permet de déterminer le sens de la convexité d'une fonction de densité de probabilité en un point X_0 , lorsque ce sens est défini. Il suffit de déterminer le sens de variation de la valeur moyenne de cette fonction sur des domaines d'observation de taille croissante, centrés en X_0 .

Nous avons vu au Chapitre IV comment les observations à classer permettent d'estimer la valeur de la fonction de densité $p(X)$ en tout point X_0 de l'espace des attributs. La méthode du noyau conduit à l'estimateur :

$$\hat{p}_M(X_0) = 1/M \sum_{m=1}^{M} \frac{1}{V\left[D_M(X_o)\right]} \varphi\left(\frac{X_o - X_m}{h_M}\right)$$

et la méthode des t_M plus proches voisins à l'estimateur :

$$\hat{p}_M(X_0) = \frac{t_M/M}{V\left[D_M(X_o)\right]}$$

Quelle que soit la méthode utilisée, l'estimateur $\hat{p}_M(X_0)$ de $p(X_0)$ n'est en fait qu'une estimation de la valeur moyenne de $p(X)$ sur un domaine $D_M(X_0)$ centré en X_0. En notant $\rho\left[D_M(X_0)\right]$ cette estimation, on a donc :

$$\hat{p}_M(X_0) = \hat{\rho}\left[D_M(X_0)\right]$$

On peut toujours admettre que le domaine $D_M(X_o)$ est obtenu à partir d'un domaine de référence $D_r(X_0)$ par une homothétie de centre X_0 et de rapport h_M. La méthode du noyau permet ainsi d'estimer la valeur moyenne de $p(X)$ sur le domaine $D(X_0, h_M)$ sous la forme :

$$\begin{aligned}\hat{\rho}\left[D(X_0, h_M)\right] &= \hat{p}_M(X_o)\\ &= 1/M \sum_{m=1}^{M} \frac{1}{V[D(X_o,h_M)]}\, \varphi\left(\frac{X_o - X_m}{h_M}\right)\\ &= 1/M \sum_{m=1}^{M} \frac{1}{h_M^N}\, \varphi\left(\frac{X_o - X_m}{h_M}\right)\end{aligned}$$

La méthode des t_M plus proches voisins conduit à l'estimateur :

$$\begin{aligned}\hat{\rho}\left[D(X_0, h_M)\right] &= \frac{t_M/M}{V[D(X_o,h_M)]}\\ &= \frac{t_M/M}{h_M^N}\end{aligned}$$

Pour la méthode du noyau, h_M est fixé en fonction de la taille M de l'échantillon disponible. Pour la méthode des t_M plus proches voisins, h_M est fonction de la densité des observations au voisinage de X_0.

Pour déterminer le sens de variation de la valeur moyenne de la fonction de densité lorsque la taille du domaine d'observation augmente, il s'agit d'estimer $\rho\left[D(X_0, h'_M)\right]$ avec $h'_M > h_M$. En utilisant la méthode du noyau, on peut estimer cette valeur moyenne par :

$$\hat{\rho}\left[D(X_0, h'_M)\right] = 1/M \sum_{m=1}^{M} \frac{1}{h'^N_M} \varphi\left(\frac{X_o - X_m}{h'_M}\right).$$

En faisant appel à la méthode des t_M plus proches voisins, il suffit d'agrandir le domaine d'observation jusqu'à ce qu'il englobe un nombre d'observations t'_M supérieur au nombre t_M utilisé pour estimer $\rho\left[D(X_o, h_M)\right]$. On a donc :

$$\rho\left[D(X_0, h'_M)\right] = \frac{t'_M/M}{h'^N_M}$$

avec $t'_M > t_M$, d'où $h'_M > h_M$.

Si les domaines d'observation utilisés pour estimer $\rho\left[D(X_0, h_M)\right]$ et $\rho\left[D(X_0, h'_M)\right]$ sont situés dans une région de l'espace des attributs où la convexité de la fonction $p(X)$ est définie, on peut conclure que $p(X)$ est convexe en X_0 si :

$$\hat{\rho}\left[D(X_0, h'_M)\right] > \hat{\rho}\left[D(X_0, h_M)\right]$$

On dit alors que le point X_0 est un *point à convexité positive.* Dans le cas contraire, $p(X)$ est concave en X_0 . On dit que X_0 est un *point à convexité négative.* Bien que la convexité d'une fonction multidimensionnelle ne soit pas toujours définie, la fonction pouvant n'être ni convexe, ni concave dans certaines régions de l'espace, cette procédure constitue un test de convexité efficace qui peut être exploité en classification.

V.5. CLASSIFICATION PAR DETERMINATION DE LA CONVEXITE DES FONCTIONS DE DENSITE

Le problème de la classification non paramètrique revient à détecter les régions de l'espace des attributs dans lesquelles les observations à classer ont tendance à se regrouper. Ces régions correspondent en général à des modes concaves de la fonction de densité sous-jacente qui se différencient ainsi des vallées convexes qui les séparent. La détection de ces modes concaves peut être abordée de deux manières différentes selon que l'on utilise la méthode d'estimation du noyau ou celle des t_M plus proches voisins pour mettre en oeuvre le test de convexité.

V.5.1. Détection des modes concaves par la méthode du noyau

L'utilisation de la méthode du noyau nécessite une discrétisation préalable de l'espace des attributs. Il est généralement conseillé de commencer par normaliser les plages de variation des composantes des observations (cf. Figure 10.).

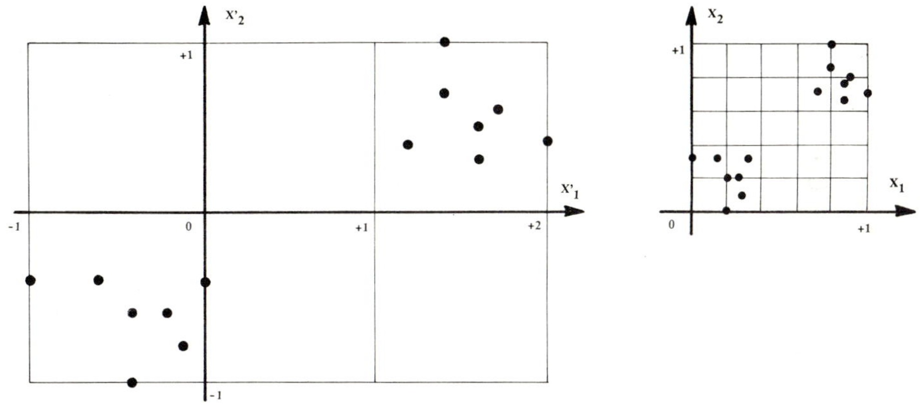

Figure V.10. : Normalisation des données avant traitement.

La discrétisation de l'espace est alors obtenue en divisant la plage normalisée de chaque attribut en un certain nombre d'intervalles adjacents. Si ces intervalles sont égaux sur tous les axes, on obtient une partition de l'espace en hypercubes adjacents. Les centres de ces hypercubes forment les noeuds d'un réseau hypercubique dont le pas définit la finesse de la discrétisation.

En appliquant systématiquement le test de convexité à tous les noeuds de ce réseau, on obtient une description point par point des propriétés de convexité de la fonction de densité de probabilité sous-jacente (cf. Figure 11.(a).). Les hypercubes de discrétisation dont les centres sont des noeuds à convexité négative sont appelés *hypercubes à convexité négative*. Dans le cas contraire, ils sont dénommés *hypercubes à convexité positive*. Dans les régions modales, les hypercubes de discrétisation sont tous à convexité négative. Dans les vallées convexes, ils sont tous à convexité positive. Dans les régions où la convexité de la fonction de densité n'est pas définie, le test de convexité indique indifféremment l'un ou l'autre des deux sens de convexité sans que l'on puisse attribuer une signification précise au résultat. Les hypercubes à convexité négative se trouvent ainsi mélangés à ceux à convexité positive (cf. Figure V.11.(b).).

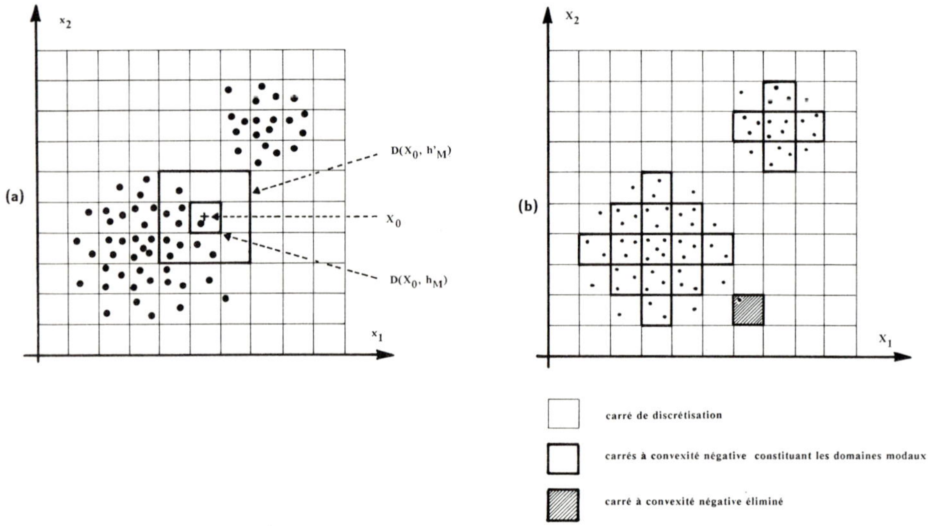

Figure V.11. : Détection des modes concaves par la méthode du noyau.
(a) Test de convexité
(b) Domaines modaux.

L'ensemble des hypercubes de discrétisation matérialisant chaque domaine de concavité de la fonction de densité sous-jacente peuvent donc être isolés par chaînage. Une procédure classique d'agrégation consiste à réaliser des chaînes d'hypercubes à convexité négative ayant au moins une arête en commun. Une variante consiste à agréger les hypercubes qui se touchent par au moins un sommet. Ce type de procédure fait apparaître de petits ensembles d'hypercubes à convexité négative dans les régions où la convexité de la fonction de densité n'est pas définie. De par leur taille réduite et leur faible densité, ces petits ensembles sont aisément éliminés (cf. Figure V.11.(b).).

Les ensembles d'hypercubes à convexité négative ainsi isolés matérialisent les domaines modaux de la fonction de densité sous-jacente qui peuvent être de forme et de taille très variées (cf. Figure V.12.).

Les observations situées à l'intérieur des domaines modaux mis en évidence sont considérées comme les *noyaux* des classes correspondantes. Les observations restantes, situées à l'extérieur de ces domaines, sont ensuite assignées à la classe du noyau le plus proche.

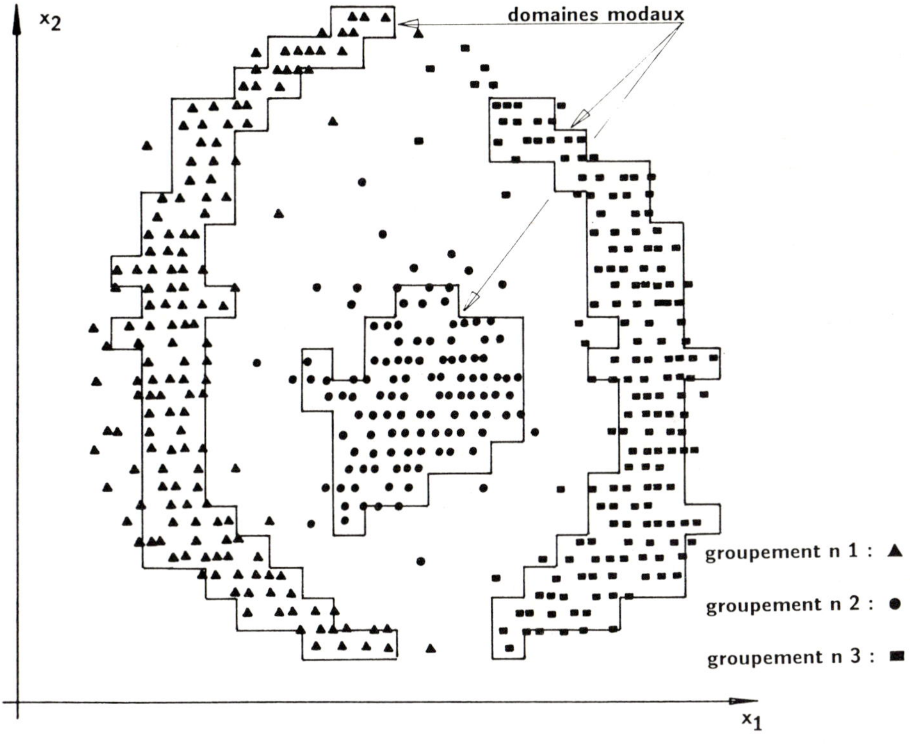

Figure V.12. : Classification d'un échantillon à trois classes par détection des domaines modaux.

L'ajustement du pas de discrétisation de l'espace des attributs est de la première importance. On peut considérer le nombre de classes mises en évidence comme une fonction de ce paramètre et déterminer sa plus grande plage de variation pour laquelle le nombre de classes détectées demeure constant. Un bon choix consiste alors à ajuster le pas de discrétisation au milieu de cette plage /12/ (cf. Figure V.13.).

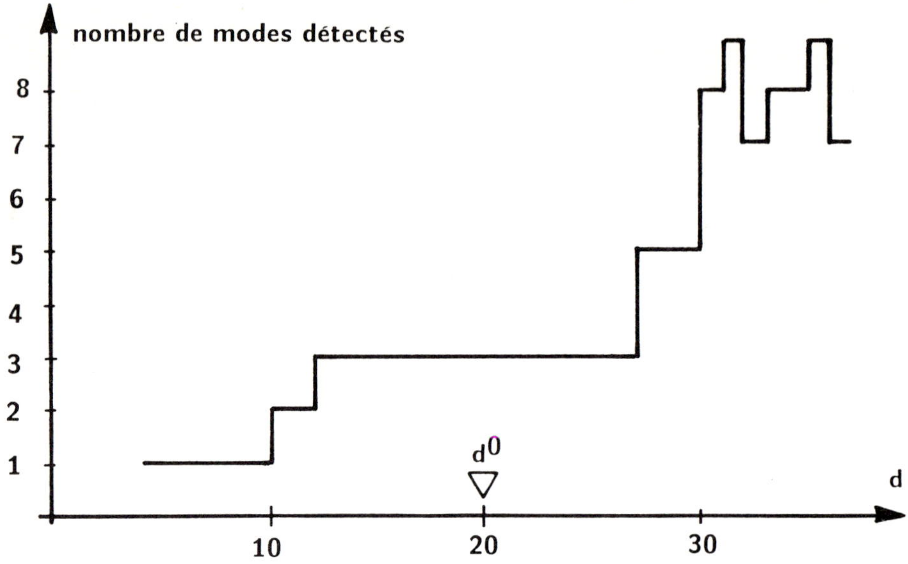

Figure V.13. : Ajustement du pas de discrétisation en fonction du nombre de modes détectés. Pour des données normalisées, le pas p du réseau de discrétisation est l'inverse du nombre d de divisions par axe. Les résultats de la figure V.12. ont été obtenus pour $d = d_0$.

V.5.2. Détection des modes concaves par la méthode des t_M plus proches voisins

L'utilisation de la méthode d'estimation des t_M plus proches voisins permet de tester la convexité de la fonction de densité sous-jacente au voisinage de chaque observation à classer. Une observation X_m est considérée comme un point de la fonction de densité à convexité positive si :

$$\hat{\rho}[D(X_m, h'_M)] > \hat{\rho}[D(X_m, h_M)]$$

Dans le cas contraire, elle est considérée comme un point à convexité négative.

La procédure de détection des modes consiste alors à éliminer les observations à convexité positive et à rechercher les groupements d'observations à convexité négative. L'élimination des observations situées dans les vallées convexes facilite extrêmement la mise en évidence de ces groupements qui se trouvent bien séparés dans l'espace des attributs (cf. Figure V.14.).

Les groupements obtenus peuvent être considérés comme les noyaux des classes mises en évidence. Les observations restantes sont finalement assignées à la classe du noyau le plus proche.

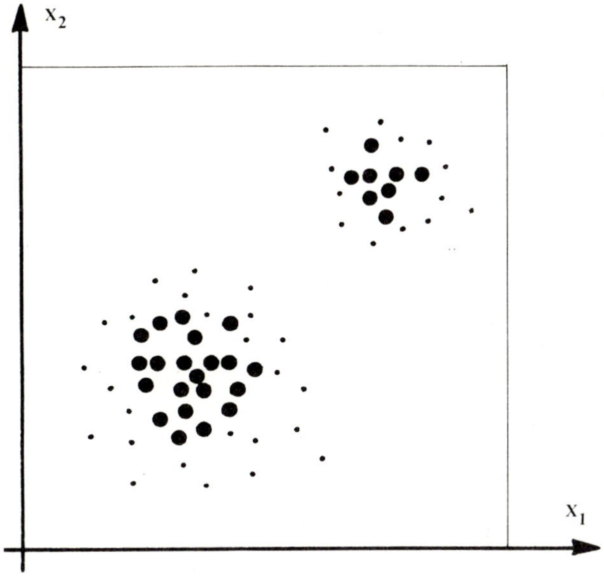

Figure V.14. : Observations à convexité négative pour l'exemple de la figure V.9.

V.6. CONCLUSION

Les techniques de détection des modes par la méthode du gradient permettent de classer des observations en détectant les maximas locaux de la fonction de densité sous-jacente. Plus robuste, la méthode d'analyse de la convexité considère les modes d'une distribution en termes de convexité locale plutôt que comme des extrémas de la fonction de densité sous-jacente.

Ces techniques présentent l'énorme avantage de permettre de regrouper des observations totalement inconnues a priori, sur lesquelles on ne dispose d'aucune autre information que celle qui peut être extraite des observations à classer elles-mêmes.

Il faut cependant remarquer que ces procédures non paramètriques, qui ne font appel à aucun modèle analytique de distributions, ne permettent pas de juger de la qualité de la classification obtenue. Nous allons montrer, au chapitre suivant, comment l'analyse de la convexité des fonctions de densité permet d'aborder les problèmes de classification automatique sous l'hypothèse *paramètrique* et d'introduire ainsi la notion de *classification optimale* au sens de la théorie de la décision.

BIBLIOGRAPHIE

/1/ HYMAN, A.
Automated optical inspection of knitted fabrics
Automated inspection and product control,
Birmingham, U.K., pp 177-184, 1985

/2/ MASSEN, R. and WINKLER, U.
Intelligent sensor for non-contact and non-destructive measurement of shrinkage of knitted and woven fabrics
Melliand Textilberichte, Heidelberg, Allemagne, Vol. 66, 1985

/3/ WARD, P.T., HASHIM, A.A. and SCHOFIELD, B.
Expert systems in textile defect recognition
Automated inspection and product control, Birmingham, U.K., pp 195-202, 1985

/4/ MOUDY, J.L. and JARVIS, J.F.
Automatic Visual Inspection
Applications of Pattern Recognition, K.S.Fu, editor C.R.C. Press - pp 121-154, 1983

/5/ FUKUNAGA, K. and HOSTETLER, L.D.
The estimation of the gradient of a density function with applications in pattern recognition
IEEE Trans. on Info. Theory, Vol. IT-21, n 1, pp 32-40, 1975

/6/ JOHNSTON, B., BAILEY, T. and DUBES, R.
A variation on a non parametric clustering method
IEEE Trans. on Pattern Analysis and Machine Intelligence
Vol. PAMI-1, n 4, pp 400-408, 1979

/7/ KITTLER, J.
A locally sensitive method for cluster analysis
Pattern Recognition, Vol. 8, pp 23-33, 1976

/8/ MIZOGUCHI, R. and SHIMURA, M.
Non parametric learning without a teacher based on mode estimation
IEEE Trans. on Computers, Vol. C.25, pp 1109-1117, 1976

/9/ VASSEUR, C. and POSTAIRE, J.G.
A convexity testing method for cluster analysis
IEEE Trans. on Syst., Man and Cyber., Vol. SMC-10, n 3, pp 145-149, 1980

/10/ VASSEUR, C. et POSTAIRE, J.G.
Convexité des fonctions de densité : Application à la détection des modes en reconnaissance des formes
RAIRO - Série Automatique, Vol. 13, n 2, pp 171-188, 1979

/11/ POSTAIRE, J.G.
Une approche statistique unique pour l'analyse des mélanges et la détection des modes en classification automatique
Revue de Statistique Appliquée, Vol. 31, n 4, pp 17-36, 1983

/12/ EIGEN, D.J., FROMM, F.R. and NORTHOUSE, R.A.
Cluster analysis based on dimensional information with applications to feature selection and classification
IEEE Trans. on Syst., Man and Cybern., Vol. SMC-4, n 3, pp 284-294, 1974

6

Classification automatique paramétrique

VI.I. INTRODUCTION

Dans le cadre des problèmes de classement paramétrique, nous avons montré comment déterminer la structure probabiliste des échantillons à classer en analysant la distribution des prototypes disponibles. Seule la connaissance des fonctions de densité et des probabilités a priori des classes en présence permet d'effectuer un classement optimal au sens de la théorie de la décision.

Nous allons montrer comment accéder à cette connaissance dans le cadre des problèmes de classification sans prototype, en analysant la convexité de la fonction de densité sous-jacente à la distribution des observations à classer.

Abordée sous l'hypothèse paramétrique normale, l'optimisation du processus de classification d'un échantillon se ramène au problème de l'identification d'un mélange gaussien. En effet, la connaissance du vecteur-moyenne, de la matrice de covariance et de la probabilité a priori de chacune des classes en présence dans un échantillon permet de classer les observations disponibles en minimisant le taux d'erreur (cf. Chapitre III, paragraphe 4).

Il existe de nombreuses techniques utilisables pour déterminer la structure d'un échantillon constitué de classes normales, uniquement à partir des observations disponibles. Cependant, certaines de ces techniques ne sont applicables que sous des hypothèses restrictives telles que l'égalité des matrices de covariance /1, 2, 3/ ; d'autres ne sont utilisables que dans des cas particuliers, tels que les mélanges à deux classes /4, 5/ ou ceux à matrices de covariances diagonales /3/. Accepter de telles hypothèses peut conduire à imposer une structure aux données plutôt qu'à découvrir leur organisation véritable.

D'autre part, nombre de techniques mises à la disposition de l'analyste nécessitent des informations a priori, telles que le nombre de classes en présence /6, 7/ ou même la valeur de certains paramètres du mélange /5, 8/. Dans le stade exploratoire d'un ensemble d'observations inconnues, il est généralement impossible de fournir, a priori, de telles informations.

Pour ces différentes raisons, nous exposons une méthode générale d'identification des mélanges gaussiens qui, à partir de l'unique information apportée par les observations à classer et sans hypothèse restrictive, ni information a priori sur les données, permet de déterminer :

- le nombre de classes en présence dans l'échantillon à analyser

- le vecteur-moyenne de chaque classe

- la matrice de covariance de chaque classe

- la probabilité a priori de chaque classe.

La méthode est basée sur l'analyse de la convexité de la fonction de densité de probabilité sous-jacente à la distribution des observations à classer /9, 10/. Elle s'appuie sur les propriétés de convexité des fonctions de densité normales multivariables .

VI.2. IDENTIFICATION D'UNE DISTRIBUTION NORMALE PAR ANALYSE DE CONVEXITE

L'intérêt majeur de la méthode d'identification d'une distribution normale d'observations par analyse de la convexité de la fonction de densité de probabilité sous-jacente réside dans ses possibilités d'application à l'identification des mélanges gaussiens. La méthode tire essentiellement parti des relations simples qui existent entre les paramètres statistiques de la distribution et les caractéristiques géomètriques du domaine où la fonction de densité est concave.

VI.2.1. Convexité des fonctions de densité normales

L'analyse du signe du hessien d'une fonction de densité normale de la forme :

$$p(X) = \frac{1}{(2\Pi)^{N/2}|S|^{1/2}} \exp\left[-1/2\ (X-\overline{X})^T\ S^{-1}\ (X-\overline{X})\right]$$

montre que cette fonction est concave à l'intérieur du domaine D , appelé *domaine de concavité*, intérieur à l'hyperellipsoïde Γ d'équation :

$$(X-\overline{X})^T\ S^{-1}\ (X-\overline{X}) = 1$$

A l'extérieur de ce domaine, la convexité de p(x) n'est pas définie : la fonction n'est ni concave, ni convexe (cf. Figure VI.1.).

L'hyperellipsoïde Γ est centré à l'extrémité du vecteur-moyenne $\overline{X}$ de la fonction de densité p(X) . Les axes principaux de cet hyperellipsoïde ont les directions des vecteurs propres V_n , n = 1,2,..., N , de la matrice S^{-1}. Les longueurs L_n, n = 1, 2, ..., N de ces axes sont liées aux valeurs propres λ_n de S^{-1} par les relations :

$$L_n = 2/\sqrt{\lambda_n} \quad , n = 1, 2, ..., N.$$

La matrice de covariance S peut donc être déterminée à partir l'analyse géométrique de l'hyperellipsoïde Γ . En effet, la connaissance des vecteurs directeurs des axes principaux V_n , n = 1, 2, ..., N et des longueurs de ces axes L_n , n = 1, 2, ..., N permet de calculer S^{-1} sous la forme :

$$S^{-1} = \left[V_1, V_2, ..., V_N\right]^{-1} \begin{bmatrix} 4/L_1^2 & & & 0 \\ & 4/L_2^2 & & \\ & & \ddots & \\ 0 & & & 4/L_N^2 \end{bmatrix} \left[V_1, V_2, ..., V_N\right]$$

De plus, le centre géométrique de Γ indique le vecteur-moyenne $\overline{X}$ de la fonction de densité.

L'utilisation de ce schéma pour l'identification d'une distribution à partir d'un échantillon d'observations nécessite donc, en premier lieu, la détermination du domaine de concavité D de la fonction de densité sous-jacente.

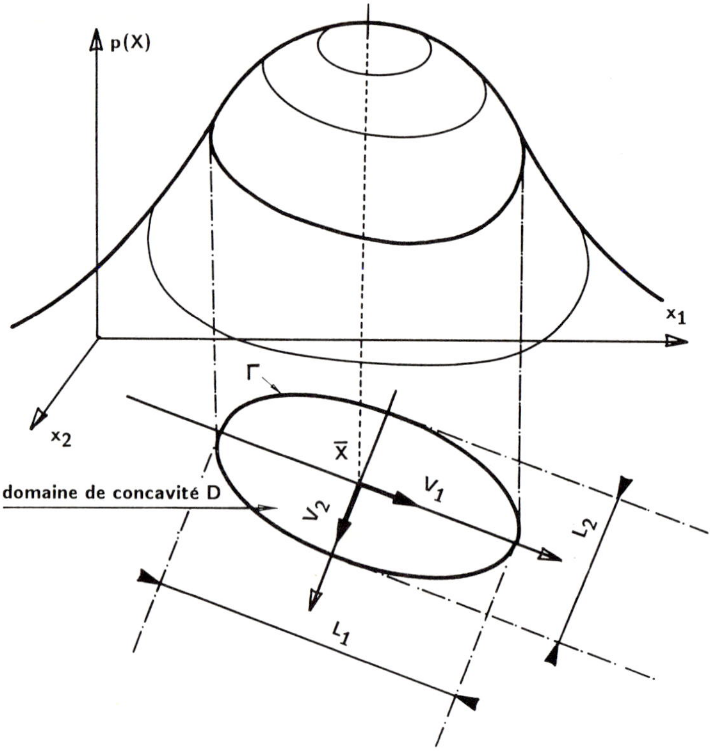

Figure VI.1. : Une fonction de densité normale à deux variables et son domaine de concavité D délimité par l'ellipse Γ .

VI.2.2. Identification d'une distribution normale

La détermination du domaine de concavité d'une fonction de densité à partir des observations repose sur l'utilisation du test de convexité par la méthode du noyau. Ce test permet de connaître le sens de la convexité de la fonction de densité en tous les noeuds d'un réseau hypercubique (cf. Chapitre V, paragraphe 4). La fonction de densité étant concave à l'intérieur du domaine de concavité, celui-ci est matérialisé par un ensemble d'hypercubes à convexité négative adjacents (cf. Figure VI.2.). Par contre, à l'extérieur de ce domaine, où la fonction de densité est ni concave, ni convexe, il est impossible d'attribuer une signification précise aux résultats du test de convexité qui indique indifféremment l'un ou l'autre des deux sens de convexité. Mais, alors qu'à l'intérieur du domaine de convexité, les hypercubes à convexité négative sont adjacents, ils se trouvent mêlés, à l'extérieur de celui-ci, à des hypercubes à convexité opposée. Une procédure d'agrégation basée sur une analyse de connexité des hypercubes à convexité négative permet ainsi d'isoler aisément les hypercubes matérialisant le *domaine modal* $\overline{D}$ de la fonction de densité.

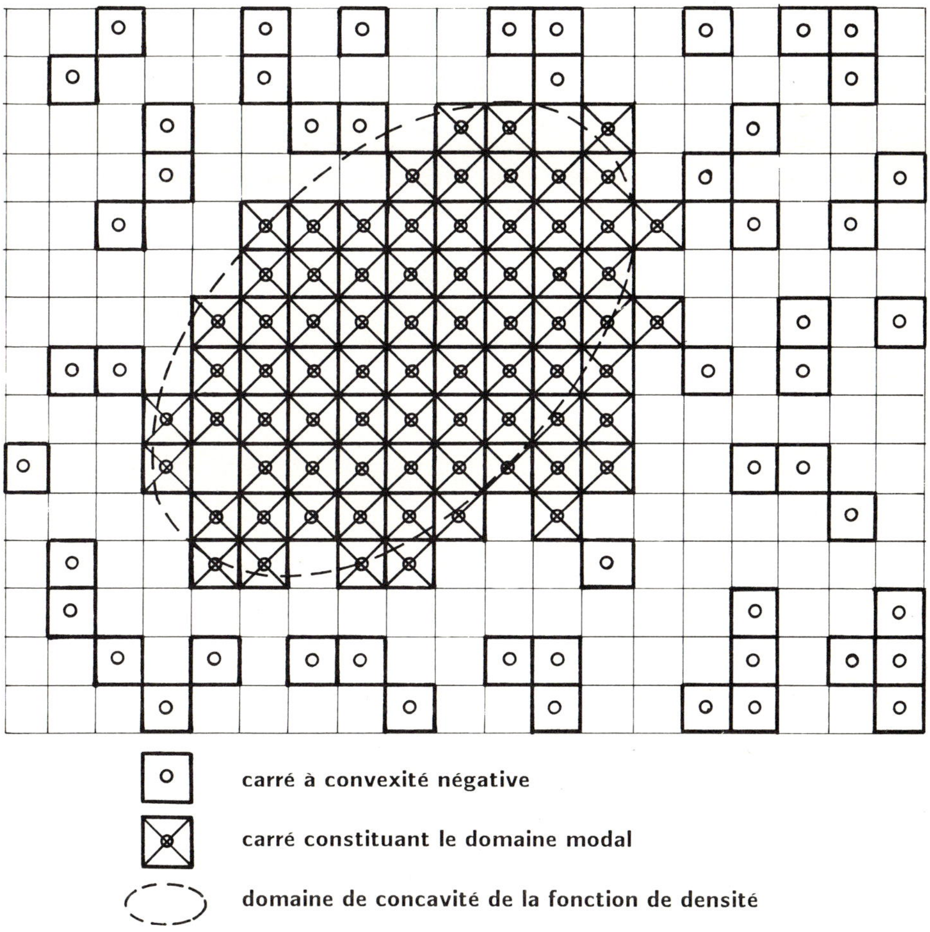

Figure VI.2. : Résultat du test de convexité appliqué à une distribution normale d'observations bidimensionnelles.

La position et la forme de ce domaine modal sont voisins de celles du domaine de concavité D de la fonction de densité considérée. Si on désigne par P_j, $j = 1, 2, ..., J$, les centres des hypercubes constituant le domaine modal, son centre d'inertie $\hat{X}$ repéré par rapport à l'origine 0 de l'espace des attributs, est défini par :

$$\hat{X} = 1/J \sum_{j=1}^{J} \overrightarrow{O P_j}$$

Il constitue une approximation du centre du domaine de concavité, donc du vecteur moyenne de la fonction de densité.

Le domaine modal peut être modélisé par un hyperellipsoïde dont les axes principaux admettent pour vecteurs directeurs les vecteurs propres $\hat{V}_n$, $n = 1, 2,..., N$ du tenseur central d'inertie:

$$I = \left[\overrightarrow{\hat{X} P_1}, ..., \overrightarrow{\hat{X} P_j}, ..., \overrightarrow{\hat{X} P_J}\right]\left[\overrightarrow{\hat{X} P_1}, ..., \overrightarrow{\hat{X} P_j}, ..., \overrightarrow{\hat{X} P_J}\right]^T$$

Les longueurs $\hat{L}_n$ de ces axes principaux sont déterminées en y projetant les points P_j (cf. Figure VI.3.).

$$\hat{L}_n = \text{Max } \overrightarrow{\hat{X}P_j} \times \hat{V}_n - \text{Min } \overrightarrow{\hat{X}P_j} \times \hat{V}_n$$

où $\overrightarrow{\hat{X} P_j} \times \hat{V}_n$ désigne le produit scalaire du vecteur $\overrightarrow{\hat{X} P_j}$ par le vecteur $\hat{V}_n$.

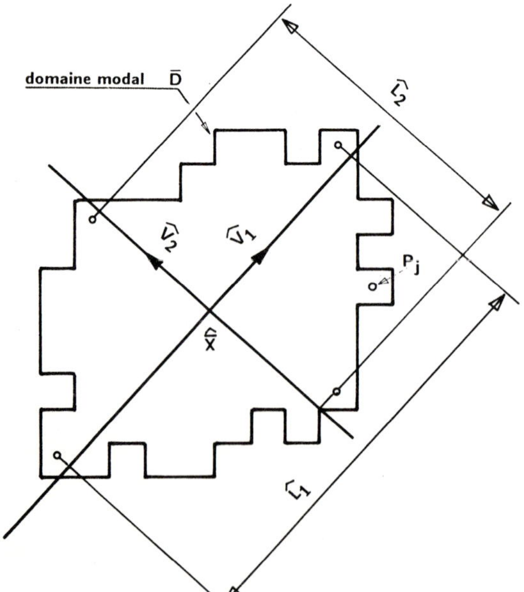

Figure VI.3.: Détermination des paramètres d'une distribution normale à partir du domaine $\overline{D}$.

En assimilant les directions principales et les longueurs des axes principaux du domaine de concavité à celles de ce modèle hyperellipsoïdal, on obtient une approximation de l'inverse de la matrice de covariance sous la forme :

$$\hat{S}^{-1} = \left[\hat{V}_1, \hat{V}_2, \ldots, \hat{V}_N\right] \begin{bmatrix} 4/\hat{L}_1^{\,2} & & & 0 \\ & 4/\hat{L}_2^{\,2} & & \\ & & \ddots & \\ 0 & & & 4/\hat{L}_N^{\,2} \end{bmatrix} \left[\hat{V}_1, \hat{V}_2, \ldots, \hat{V}_N\right]^{-1}$$

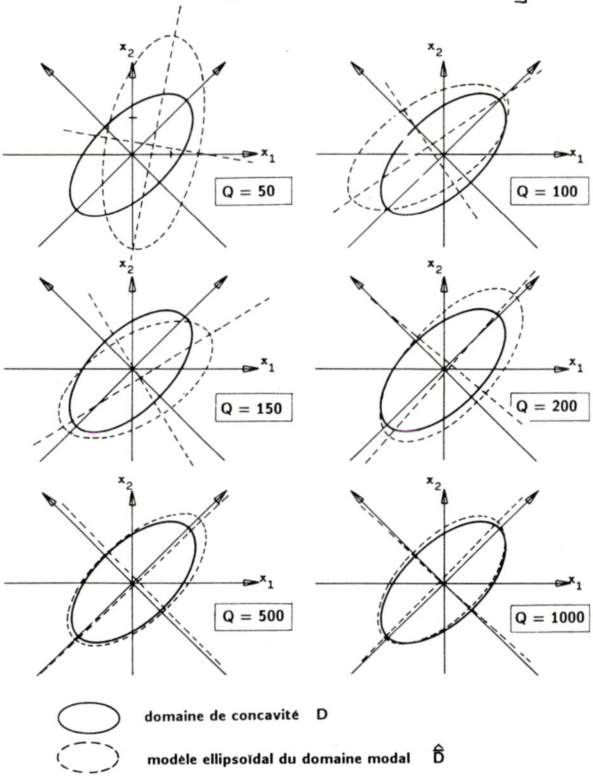

Figure VI.4.: Approximations $\hat{\overline{D}}$ des domaines modaux $\overline{D}$ d'une distribution normale de vecteur moyenne nul et de matrice de covariance :

$$S = 1/8 \begin{bmatrix} 5 & -3 \\ 3 & 5 \end{bmatrix}$$

obtenues pour différentes tailles Q d'échantillons.

La figure VI.4. indique, pour différentes tailles d'échantillon, les différences entre le domaine de concavité D d'une fonction de densité bivariable définie par la surface :

$$(X - \overline{\overline{X}})^T \; S^{-1} \, (X - \overline{\overline{X}}) = 1$$

et son approximation hyperellipsoïdale $\hat{\overline{D}}$ d'équation :

$$(X - \hat{\overline{X}})^T \; \hat{S}^{-1} \, (X - \hat{\overline{X}}) = 1$$

obtenue en modélisant le domaine modal $\overline{D}$. On constate que la qualité de l'approximation est directement fonction du nombre M d'observations disponibles. De plus, comme pour toutes les méthodes faisant appel à des techniques d'estimation, le nombre d'observations nécessaires pour obtenir des résultats satisfaisants est d'autant plus important que la dimension des données est élevée.

Dans le cadre restreint de l'identification d'une distribution normale unique, la méthode basée sur l'analyse de la convexité de la fonction de densité sous-jacente est moins performante que la méthode classique d'estimation par maximum de vraisemblance. Son intérêt réside dans son application immédiate à l'identification des mélanges gaussiens.

VI.3. IDENTIFICATION DES MELANGES GAUSSIENS PAR ANALYSE DE CONVEXITE

Considérons un échantillon dont les observations proviennent de Q classes C_q , q = 1, 2, ..., Q , chacune d'elles étant caractérisée par une fonction de densité conditionnelle normale :

$$p(X|C_q) = \frac{1}{(2\Pi)^{N/2}|S|^{1/2}} \exp\left[-1/2 \; (X - \overline{X}_q)^T \; S_q^{-1}(X - \overline{X}_q)\right]$$

La fonction de densité de l'échantillon est alors un mélange pondéré des lois de probabilité de ces différentes classes de la forme :

$$p(X) = \sum_{q=1}^{Q} p(X \mid C_q). \, P(C_q)$$

où $P(C_q)$ est la probabilité a priori de la classe C_q .

Notre but est maintenant d'utiliser les observations de l'échantillon pour déterminer :

1) Le nombre Q de classes

2) Le vecteur moyenne $\overline{X}_q$ de chaque classe

3) La matrice de covariance S_q de chaque classe.

4) La probabilité a priori $P(C_q)$ de chaque classe.

En effet, seule la connaissance de l'ensemble de ces paramètres permet d'implanter une procédure de classification optimale au sens de la théorie de la décision (cf. Chapitre III).

VI.3.1. Approximation des fonctions de densité conditionnelles

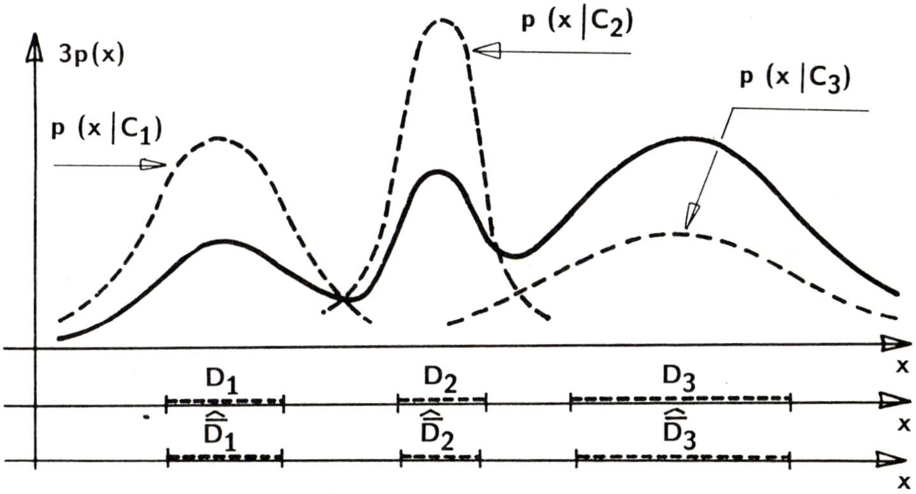

Figure VI.5. : Similitude des domaines de concavité du mélange gaussien : $p(x) = 1/6.p(x|C_1) + 1/6.p(x|C_2) + 2/3.p(x|C_3)$ et de ses composantes.

Dans les problèmes de classification automatique abordés sous l'hypothèse paramétrique normale, il existe généralement une correspondance bijective entre les modes du mélange gaussien représentant la distribution des observations et les classes en présence. Dans ces conditions, au voisinage de chaque mode, la fonction de densité conditionnelle de la classe correspondante est fortement prépondérante sur les autres composantes. Les domaines modaux $\overline{D}_q$ de la fonction de densité du mélange sont alors très semblables aux domaines de concavité D_q des composantes C_q, q = 1, 2, ..., Q (cf. Figure VI.5.) et le dénombrement des classes constituant le mélange s'effectue en comptant le nombre de domaines de concavité de sa fonction de densité

La première étape de l'analyse d'un mélange consiste donc à analyser la convexité de sa fonction de densité à partir des observations disponibles. L'application du test de convexité aux noeuds d'un réseau hypercubique permet d'isoler, par agrégation, les domaines modaux de la fonction de densité sous-jacente et de dénombrer les classes en présence (cf Fig. VI.6.). La modelisation de ces domaines modaux par des hyperellipsoïdes $\hat{\overline{D}}_q$, q = 1, 2, ..., Q selon la méthode exposée au paragraphe précédent fournit finalement des valeurs approchées du vecteur moyenne et de la matrice de covariance de chaque composante (cf Fig. VI.7.). Les seuls paramètres restant à déterminer sont donc les probabilités a priori des différentes composantes.

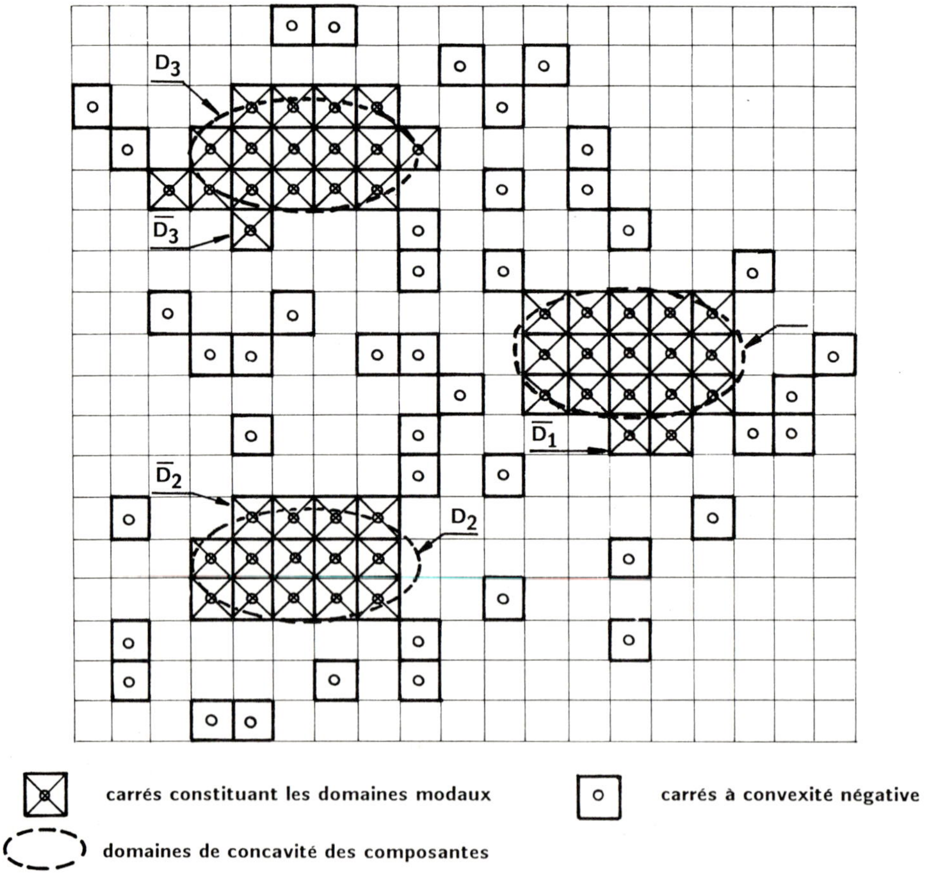

Figure VI.6.: Résultat du test de convexité appliqué à un échantillon de 300 observations distribuées selon un mélange de trois lois normales équiprobables.

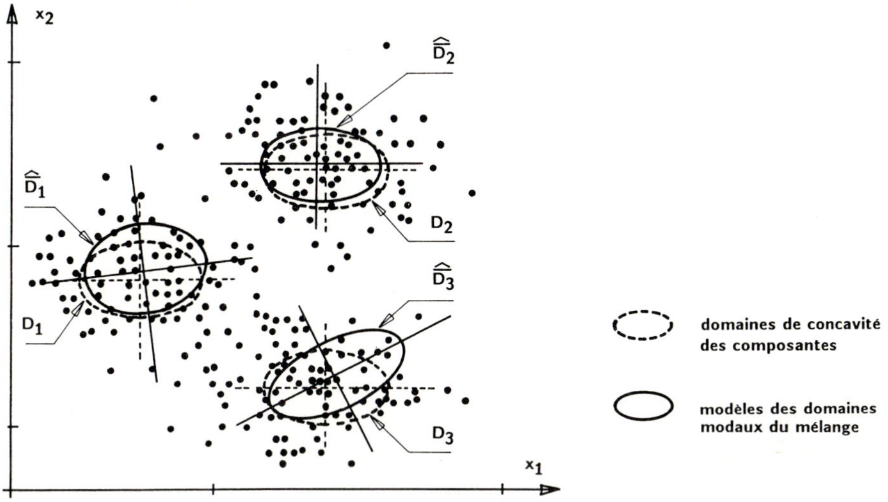

Figure VI.7.: Modèles ellipsoïdaux des domaines modaux du mélange des trois lois normales de la figure VI.6.

VI.3.2. Approximation des probabilités a priori

La probabilité pour qu'une observation d'un échantillon normal appartienne au domaine de concavité D de la fonction de densité sous-jacente est une constante indépendante des paramètres statistiques de la distribution. Soit β cette constante.

Considérons le mélange :

$$p(X) = \sum_{q=1}^{Q} p(X|C_q)\, P(C_q)$$

La probabilité pour qu'une observation d'un échantillon distribué selon la loi p(X) provienne de la classe C_q et appartienne en même temps au domaine de concavité D_q de $p(X \mid C_q)$ est égale à $\beta P(C_q)$.

La fonction $p(X \mid C_q)$ étant supposée fortement prépondérante sur les autres composantes du mélange à l'intérieur du domaine D_q, la plupart des observations appartenant à ce domaine proviennent de la classe C_q. La probabilité $\beta P(C_q)$ peut ainsi être approchée par la probabilité pour qu'une observation appartienne, quelle que soit la classe dont elle provient, au domaine D_q. En assimilant le domaine de concavité D_q au domaine modal correspondant $\overline{D}_q$, on peut écrire :

$$\beta P(C_q) \# P(X \in \overline{D}_q)$$

Soit M_q le nombre d'observations situées à l'intérieur de l'ensemble des hypercubes à convexité négative constituant le domaine modal $\overline{D}_q$. Le rapport M_q/M, où M est le nombre total d'observations disponibles, est un estimateur classique de la probabilité $P(X \in \overline{D}_q)$

Il vient donc :

$$\beta P(C_q) \# M_q/M$$

ou encore :

$$P(C_q) / M_q = \gamma$$

où γ est une constante qui dépend du problème traité.

Des valeurs approchées $\hat{P}(C_q)$ des probabilité a priori $P(C_q)$ peuvent alors être obtenues en résolvant le système d'équations :

$$\begin{cases} \dfrac{\hat{P}(C_1)}{M_1} = \dfrac{\hat{P}(C_2)}{M_2} = \cdots = \dfrac{\hat{P}(C_q)}{M_q} = \cdots = \dfrac{\hat{P}(C_Q)}{M_Q} \\ \hat{P}(C_1) + \hat{P}(C_2) + \ldots + \hat{P}(C_q) + \ldots \hat{P}(C_Q) = 1 \end{cases}$$

VI.4. CLASSIFICATION OPTIMALE

La méthode d'identification des mélanges gaussiens par analyse de la convexité des fonctions de densité permet d'accéder à tous les paramètres statistiques de la distribution d'un ensemble d'observations provenant de plusieurs classes normales. La procédure, qui ne nécessite aucun prototype ni aucune information a priori sur les données, se décompose en sept phases principales :

. Phase 1 : Normalisation de l'espace des attributs

. Phase 2 : Test de convexité de la fonction de densité sous-jacente

. Phase 3 : Détermination des domaines modaux du mélange par agrégation des hypercubes à convexité négative. Dénombrement des classes en présence.

. Phase 4 : Modélisation des domaines modaux par des hyperellipsoïdes. Détermination des valeurs approchées du vecteur moyenne et de la matrice de covariance de chaque classe mise en évidence.

. Phase 5 : Dénombrement des observations situées à l'intérieur des domaines modaux. Détermination des valeurs approchées des probabilités a priori des différentes classes.

. Phase 6 : Calcul des fonctions discriminantes sur la base des valeurs approchées des paramètres statistiques du mélange.

. Phase 7 : Classification optimale des observations.

Le soin porté à l'ajustement du pas p du réseau hypercubique de discrétisation de l'espace des attributs conditionne, pour une large part, le succès de cette procédure. Pour illustrer l'influence de ce paramètre sur les résultats de la classification, la procédure a été appliquée à l'échantillon de la figure VI.7. pour différentes valeurs de p . Les performances de la procédure sont mesurées par le taux d'erreur, estimé par le rapport entre le nombre d'observations mal classées et le nombre total d'observations constituant l'échantillon. Les variations de ce taux d'erreur en fonction de p (cf. Figure VI.8.) font apparaître une valeur optimale p_0 de p pour laquelle le nombre d'observations mal classées est minimum. L'utilisation de données générées artificiellement permet de calculer le taux d'erreur théorique minimum à partir des valeurs exactes des paramètres du mélange (cf. Chapitre III, 4).

On constate que le milieu de la plus grande plage de variation de p pour laquelle le nombre de modes détectés est constant est très voisin de la valeur optimale p_0 de p (cf. Figure VI.8.). La figure VI.7. indique les domaines de concavité des composantes du mélange et les modèles ellipsoïdaux des domaines modaux obtenus avec cet ajustement heuristique de p . Bien que les domaines modaux ne soient qu'une approximation des domaines de concavité des composantes, leur utilisation pour déterminer les paramètres du mélange conduit à un taux d'erreur très proche de l'optimum théorique. Dans l'exemple présenté, la différence entre le taux optimum (3,3 %) et le taux d'erreur de la classification (4 %)

correspond à seulement deux observations mal classées sur un total de 300.

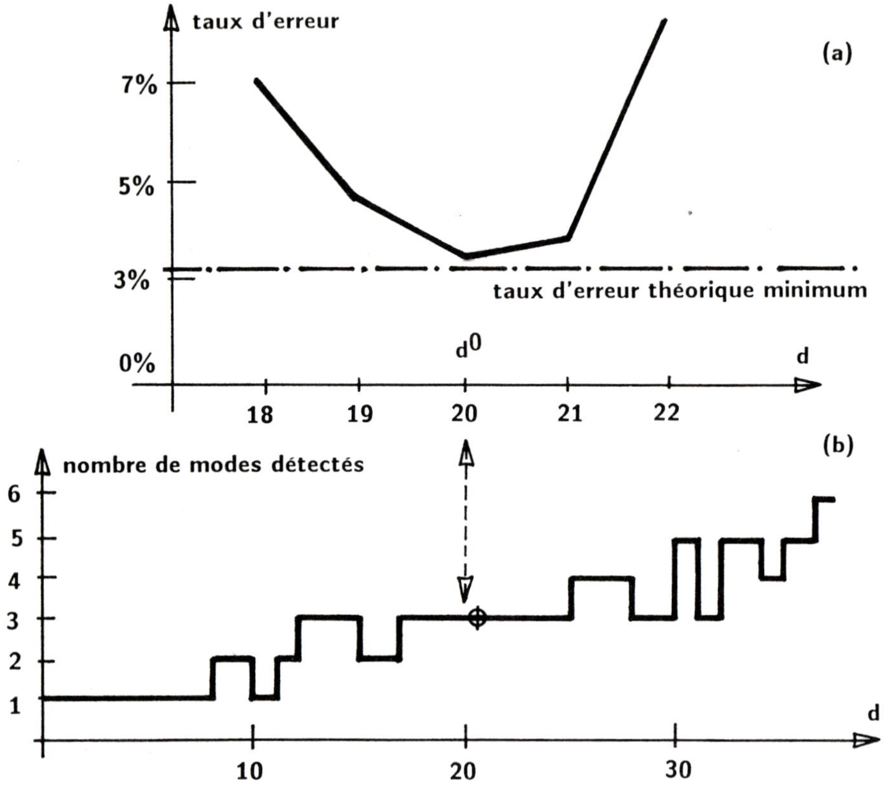

Figure VI.8. : (a) Variations du taux d'erreur de la classification en fonction du pas de discrétisation pour l'échantillon de la Figure VI.7.
(b) Variations du nombre de modes détectés en fonction du pas de discrétisation (pour des données normalisées, le pas p du réseau de discrétisation est l'inverse du nombre d de divisions par axe).

L'exemple présenté montre comment l'analyse de la convexité de la fonction de densité sous-jacente permet d'identifier les classes en présence dans un mélange gaussien. La qualité des approximations des paramètres statistiques du mélange permet en général de proposer une classification dont les performances sont très proches de l'optimum théorique, malgré le manque total d'informations a priori sur le mélange.

VI.5. CLASSIFICATION AUTOMATIQUE ET ANALYSE DES IMAGES

Appliquée à l'exemple simple de la segmentation de l'image des biscuits, la méthode de classification optimale permet de retrouver des résultats proches de ceux obtenus au chapitre IV sans nécessiter de phase d'apprentissage préalable. Ici apparaît l'intérêt des procédures de classification automatique paramétriques pour le traitement des images. En effet, celles-ci garantissent des performances quasi optimales tout en permettant de travailler sous des conditions d'éclairage moins sévères que celles imposées par les procédures de classement paramétrique pour lesquelles l'éclairage doit être parfaitement contrôlé. De plus, en cas de changements des conditions de production, tels que nouvelle disposition des biscuits, nouveau type de biscuits, modification de revêtement du convoyeur, etc... il n'est pas nécessaire de procéder à de nouvelles phases d'apprentissage, parfois coûteuses et difficiles à mettre en oeuvre.

Les algorithmes de traitement d'images basés sur les techniques de classification automatique présentent ainsi l'énorme avantage de s'adapter à toute modification de l'éclairage et de la scène à analyser puisqu'ils n'utilisent que l'information contenue dans l'image à traiter elle-même.

Il faut bien garder à l'esprit que les résultats obtenus avec ces algorithmes dépendent essentiellement du choix des attributs qui caractérisent les observations à classer. D'une manière générale, les performances des règles de décision qui régissent une procédure de classement et de classification reposent sur le choix d'attributs qui séparent au mieux les classes en présence dans l'espace des attributs. Nous verrons, au chapitre suivant, qu'il existe un très grand nombre de paramètres pour caractériser les points d'une image en vue de les classer par catégories significatives. On a cependant intérêt à réduire le nombre de paramètres à prendre en considération car la qualité de la discrimination n'est pas une fonction croissante du nombre d'attributs utilisés. Il faut en effet s'efforcer d'éliminer les attributs peu discriminants qui dégradent la qualité des règles de décision en augmentant le nombre de paramètres à estimer à partir du même nombre d'observations disponibles.

Il n'existe pas, et vraisemblablement il n'existera pas pendant encore longtemps, de théorie pour aider à choisir les meilleurs attributs pour les problèmes de classification. Leur sélection repose pour l'essentiel sur l'expérience et l'intuition de l'analyste qui ne peut vérifier la justesse de ses choix qu'a posteriori, en fonction des résultats obtenus.

Dans le cadre de l'analyse des images numériques on dispose cependant de familles d'attributs éprouvés qui sont connus pour assurer un haut pouvoir discriminant et séparateur entre les classes de points que l'on désire mettre en évidence pour segmenter les images. Les chapitres suivants sont consacrés à ces attributs, indépendamment des procédures de classement et de classification exposées jusqu'ici.

BIBLIOGRAPHIE

/1/ DAY, N.E.
Estimating the components of a mixture of normal distributions
Biometrika, Vol. 56, pp 463-474, 1969

/2/ COOPER, P.W.
Some topics on nonsupervised adaptive detection for multivariate normal distributions
Computer and Information Sciences II, pp 123-146,
Academic Press, N.Y., 1967

/3/ WOLFE, J.H.
Pattern clustering by multivariate mixture analysis
Multiv. Behav. Res., Vol. 5, pp 329-350, 1970

/4/ MAKOV, U.E. and SMITH, A.F.M.
A quasi-Bayes unsupervised learning for priors
IEEE Trans. Info. Theory, Vol. IT-23, n 6, pp 761-764, 1977

/5/ MIZOGUCHI, R. and SHIMURA, M.
An approach to unsupervised learning classification
IEEE Trans. on Computers, Vol. C-24, n 10, pp 979-983, 1975

/6/ HILLBORN, C.G. and LAINIOTIS, D.G.
Optimal unsupervised learning multicategory dependant hypotheses pattern recognition
IEEE Trans. Info. Theory, Vol. IT-14, pp 468-470, 1968

/7/ SCHROEDER, A.
Analyse d'un mélange de distributions de probabilité de même type
Rev. Stat. App., Vol. 24, n 1, pp 39-62, 1976

/8/ KAZAKOS, D.
Recursive estimation of prior probabilities using a mixture
IEEE Trans. Info. Theory, Vol. IT-23, n 2, pp 203-211, 1977

/9/ POSTAIRE, J.G. and VASSEUR, C.
An approximate solution to normal mixture identification with application to unsupervised pattern classification
IEEE Trans. Patt. Anal. & Mach. Intell., Vol. PAMI-3, n 2, pp 163-179, 1981

/10/ POSTAIRE, J.G.
Une approche statistique unique pour l'analyse des mélanges et la détection des modes en classification automatique
Revue statistique appliquée, Vol. 31, n 4, pp 17-36, 1983

/11/ POSTAIRE, J.G.
Fonctions convexes et optimisation de processus de classification automatique
I. Optimisation par analyse de la convexité des fonctions de densité multivariables
RAIRO, Série Automatique, Vol. 16, n 4, pp 357-379, 1982

7

Sélection des attributs et segmentation des images

VII.1. LA SEGMENTATION DES IMAGES

Le partitionnement d'une image en régions homogènes permet de passer d'une description microscopique constituée de la liste des valeurs des niveaux de gris en chaque point à une description macroscopique où chaque région mise en évidence peut être interprétée comme une composante de la scène analysée.

Les procedures de segmentation des images implantées sur les systèmes de vision ne suivent certainement pas le même processus d'analyse que le système visuel humain dont le fonctionnement reste encore, pour une grande part, inconnu. Nous avons cependant montré comment aboutir à des résultats comparables en assignant les points d'une image à différentes classes caractérisées par des valeurs particulières des attributs mesurés ou calculés en ces points. Dans l'exemple simple du contrôle de qualité des biscuits, la binarisation de l'image a été effectuée en considérant deux attributs en chaque point : son niveau de gris et une mesure de la texture dans son voisinage. Dans l'espace des attributs, les observations bidimensionnelles ainsi obtenues constituaient deux classes bien séparées : celle relative aux biscuits et celle relative au fond.

Bien que très fréquemment utilisés, le niveau de gris et la texture ne sont pas les seuls attributs employés dans les procédures de segmentation. Selon les applications envisagées et les descriptions de scènes recherchées, l'analyste peut faire appel à une grande variété de paramètres pour caractériser les points-image. Les possibilités de sélection d'un vecteur d'attributs sont très nombreuses et il n'existe pas une méthode unique et standard pour segmenter une image. L'analyste doit en général faire appel à son expérience, sinon à son intuition, pour choisir les attributs les plus pertinents en fonction du type d'image analysée, de l'application envisagée, des connaissances disponibles a priori et de la vitesse d'exécution recherchée.

Si la théorie de la décision permet d'assurer un classement (ou une classification) optimal des points d'une image, les résultats ne sont optimaux que par rapport au vecteur d'attributs sélectionné. Lorsque les observations se regroupent en classes bien distinctes dans l'espace des attributs , les points-image sont assignés aux différentes classes avec un risque d'erreur très faible. Par contre, si les classes se chevauchent, la discrimination entre les points constituant les différentes régions est moins fiable, au détriment de la qualité de la segmentation. Il est donc difficile de définir des critères pour mesurer les performances d'une procédure de segmentation. Seul l'intérêt de la description de l'image obtenue permet, en général, de juger la pertinence du choix des attributs utilisés.

Ce chapitre et le suivant traitent du problème général de la sélection des attributs. Sans vouloir être exhaustifs, ils présentent les modes de caractérisation des régions les plus couramment utilisés pour la segmentation des images.

On peut schématiquement distinguer deux approches distinctes pour aborder la description des régions. On peut d'abord considérer une région comme une zone de l'image dans laquelle les points présentent des propriétés statistiquement semblables. C'est la définition que nous avons implicitement adoptée jusqu'ici et à laquelle correspondent des méthodes de segmentation que nous regroupons sous le vocable de *reconstitution de régions*. Mais on peut également considérer une région comme une zone délimitée par un contour qui se manifeste par des variations importantes des propriétés des points-image au niveau des transitions inter-régions. Les méthodes dites de *détection de contours* permettent de délimiter les différentes régions présentes dans une image.

VII.2. RECONSTITUTION DES REGIONS

Nous nous sommes beaucoup étendus sur les procédures de regroupement des points-image en fonction des similarités que présentent leurs attributs. Mais il est évident que les points assignés à une même classe définie statistiquement dans l'espace des attributs ne formeront une région que s'ils sont adjacents les uns aux autres dans l'image /1, 2/. Des points de même niveau de gris, dissiminés aléatoirement dans une image ne formeront jamais une région significative au sens où nous l'avons jusqu'ici implicitement définie. Avant d'aller plus loin, il convient donc de préciser cette notion d'adjacence sur laquelle repose la définition des régions.

VII.2.1. Notion de voisinage

A l'exception des bords d'une image numérique, chaque point $A(k,l)$ a quatre voisins horizontaux et verticaux et quatre voisins diagonaux (cf. Figure VII.1.). Deux voisins horizontaux ou verticaux sont séparés d'une unité de longueur sur la grille de discrétisation spatiale de l'image alors que deux voisins diagonaux sont séparés de 2 unités.

(k - 1 , l - 1)	(k , l - 1)	(k + 1 , l - 1)
(k - 1 , l)	(k , l)	(k + 1 , l)
(k - 1 , l + 1)	(k , l + 1)	(k + 1 , l + 1)

Figure VII.1. : Les 8 voisins du point-image A(k,l).

Si, en se rapprochant de la réalisation matérielle des capteurs (cf. Chapitre I), on considère les points-image comme des carrés de côté unité, les voisins horizontaux et verticaux de $A(k,l)$ présentent un côté en commun avec $A(k,l)$ alors que les voisins diagonaux ne se touchent que par un sommet. Les voisins horizontaux et verticaux de $A(k,l)$ sont appelés des *4-voisins*. On dit qu'ils sont *4-adjacents* à $A(k,l)$. Les voisins de $A(k,l)$ qui définissent le voisinage 3x3 de la Figure VII.1. sont appelés des *8-voisins*. On dit qu'ils sont *8-adjacents* à $A(k,l)$.

VII.2.2. Notion de connexité

On dit qu'il existe un *chaînage* de longueur L entre les points A et B d'une image si on peut trouver une séquence de points $P_0 = A$, $P_1, P_2, ..., P_l, ..., P_L = B$ telle que P_l soit un voisin de P_{l-1}, $l = 1, 2, ..., L$. Selon que l'on utilise la notion de 4-voisinage ou celle de 8-voisinage, on définit un 4-chaînage ou un 8-chaînage entre A et B . La relation "A est connexe à B" est réflexive, symétrique et transitive.

Considérons un sous-ensemble S de l'ensemble des points constituant une image et soient A et B deux points de S . On dit que A est *connexe* à B dans S s'il existe un 4- ou 8-chaînage entre A et B uniquement formé de points appartenant à S . L'ensemble des points de S connexes à tout point A de S constitue une *région connexe* de S .

VII.2.3. Segmentation

Revenons au problème simple de la binarisation de l'image des biscuits sur la base de l'analyse des niveaux de gris qui avait permis de séparer les points de l'image en deux classes : la classe C_1 des points "clairs" correspondant aux biscuits et à la classe C_2 constituée des points du fond, plus foncés.

Afin de segmenter cette image, on définit une région R par un ensemble de points tels que :

(a) Tous les points de R appartiennent soit à C_1 , soit à C_2 .

(b) Entre tout couple de points A et B appartenant à R , il existe un chaînage de points appartenant à R .

(c) Tout ensemble de points-image contenant R ne satisfait pas aux deux premières conditions.

Les deux premières conditions permettent de prendre en compte l'arrangement spatial des points-image assignés à chaque classe pour reconstituer des régions connexes significatives. La dernière condition est nécessaire pour obtenir des régions aussi étendues que possible.

Les idées de base sur lesquelles s'appuie la procédure de reconstitution des régions sont applicables quelles que soient les classes de points définies sur une image. Après l'intensité lumineuse, la couleur constitue, lorsqu'elle est accessible, une des informations les plus intéressantes pour segmenter une image.

VII.3. SEGMENTATION DES IMAGES EN COULEUR

Jusqu'à présent, nous avons ignoré la longueur d'onde de la lumière captée et quantifiée par les systèmes de vision. Pourtant, lorsque cette longueur d'onde varie, la couleur recueillie au niveau du capteur peut aller de l'infra-rouge à l'ultra-violet en passant par le rouge, l'orange, le jaune, le vert, le bleu et le violet.

L'étude de la perception des couleurs chez l'homme a montré que presque toutes les couleurs peuvent être obtenues par un mélange pondéré de trois couleurs de base /3/. Il est ainsi possible de définir une *fonction-image-couleur* comme une fonction vectorielle :

$$g(x,y) = \left[g_1(x,y) \; ; \; g_2(x,y) \; ; \; g_3(x,y) \right]^T$$

où $g_1(x,y)$, $g_2(x,y)$ et $g_3(x,y)$ sont les composantes de la couleur du point $A(x,y)$ dans un *espace couleur* à trois dimensions. La définition des vecteurs de base de cet espace n'est pas unique, mais on choisit habituellement pour couleurs de base les trois longueurs d'ondes suivantes :

$$\lambda_1 = 410 \text{ nm (Rouge)}$$

$$\lambda_2 = 530 \text{ nm (Vert)}$$

$$\lambda_3 = 650 \text{ nm (Bleu)}$$

qui permettent de reconstituer le maximum de couleurs dans le spectre visible.

Cette base de représentation des couleurs revient physiquement à prendre trois images de la même scène en intercalant devant l'objectif successivement un filtre rouge, un filtre vert et un filtre bleu. Les trois composantes de la fonction-image-couleur sont alors les valeurs des fonctions-image de ces 3 images monochromes notées $g_R(x,y)$, $g_V(x,y)$ et $g_B(x,y)$. Ces trois composantes peuvent immédiatement être utilisées comme attributs pour classer les points d'une image selon des critères de similarité au niveau des couleurs. Le processus de segmentation permet alors d'obtenir des régions de couleur relativement homogènes.

Il faut cependant noter que les valeurs des fonctions-image g_R , g_V , et g_B ne représentent pas uniquement l'information couleur car elles sont également fonction de l'intensité lumineuse.

Pour ne conserver que l'information couleur, on utilise des composantes normalisées g_r , g_v et g_b définies en chaque point par :

$$g_r = \frac{g_R}{g_R + g_V + g_B}$$

$$g_v = \frac{g_V}{g_R + g_V + g_B}$$

$$g_b = \frac{g_B}{g_R + g_V + g_B}$$

Comme la somme de ces trois composantes est constante et égale à l'unité, deux d'entre elles suffisent pour définir la couleur en chaque point /4/.

En utilisant ces composantes normalisées comme attributs, les procédures de segmentation sont, théoriquement, insensibles à des changements d'intensité lumineuse et ne reflètent que les propriétés chromatiques de l'image. Supposons par exemple que l'on analyse une image contenant une surface orange dont une partie est située dans une zone d'ombre. Une procédure de classement ou de classification avec pour attributs $g_r(x,y)$ et $g_v(x,y)$ doit permettre de regrouper l'ensemble des points constituant cette surface en une seule classe. Par contre, une analyse basée sur les attributs $g_R(x,y)$, $g_V(x,y)$ et $g_B(x,y)$ mettrait certainement deux classes de points oranges en évidence, correspondant à des régions séparées par la transition ombre/lumière.

VII.4. DETECTION DES CONTOURS

Les frontières qui séparent des régions plus ou moins homogènes occupent une place de première importance dans la hiérarchie des éléments qui nous permettent d'interpréter les images que nous percevons /5/. Cette particularité du système visuel humain constitue la motivation première de nombreuses méthodes qui ont été mises au point pour extraire les contours présents dans une image numérique.

On peut définir un contour comme une frontière entre deux régions de niveaux de gris différents et relativement homogènes. Si une section de la fonction image au niveau d'un contour idéal peut être représentée par un échelon, un contour réel présente en général une transition de niveau de gris moins abrupte et souvent entachée de bruit (cf. Figure VII.2.).

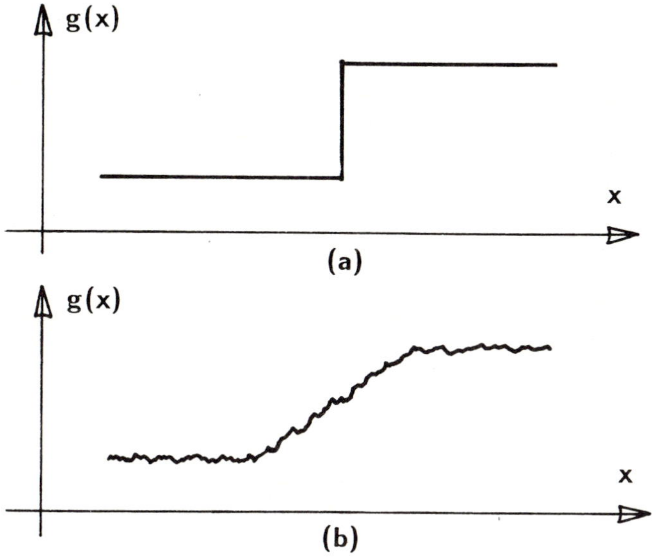

Figure VII.2. : (a) Section d'un contour idéal
(b) Section d'un contour réel.

Les contours peuvent être détectés par un examen systématique des variations locales du niveau de gris au voisinage de chaque point-image. Il existe en effet de nombreux opérateurs locaux très sensibles aux variations de la fonction-image /6, 7/. Nous montrerons comment ils fournissent des attributs locaux qui permettent de distinguer les points susceptibles d'appartenir à des contours du reste de l'image. Par opposition aux points situés à l'intérieur des régions d'intensité lumineuse relativement homogène, ces points sont qualifiés de *points de transition*.

Pour reconstituer les contours, qui se présentent généralement sous la forme de lignes continues, il faut, dans un second temps, prendre en compte la disposition relative des points de transition dans l'image. Nous considérerons ultérieurement cette seconde phase de la procédure de détection des contours qui fait appel à des notions de connexité et d'alignement des points de transition.

VII.4.1. Opérateurs différentiels sur les niveaux de gris

En terme de fonction image, un point de transition locale peut être défini comme un point $A(x,y)$ au voisinage duquel la fonction $g(x,y)$ présente une variation de forte amplitude. La détermination d'attributs locaux permettant de caractériser les points susceptibles d'appartenir à des contours de l'image analysée repose sur la possibilité d'estimer la direction $\Theta(x,y)$ dans laquelle intervient la plus forte variation de $g(x,y)$ autour de $A(x,y)$ ainsi que l'amplitude $\rho(x,y)$ de cette variation.

Supposons que l'on connaisse les dérivées directionnelles $\partial g(x,y)/\partial x$ et $\partial g(x,y)/\partial y$ de la fonction $g(x,y)$ selon deux directions orthogonales. Par une simple rotation des axes de coordonnées définie par les équations :

$$x = x' \cos\Theta - y' \sin\Theta$$

$$y = x' \sin\Theta + y' \cos\Theta$$

on peut déterminer les dérivées directionnelles de $g(x,y)$ dans les directions Θ et $\Theta + \Pi/2$ mesurées par rapport à l'axe horizontal Ox :

$$\partial g(x,y)/\partial x' = \partial g(x,y)/\partial x \cos\Theta + \partial g(x,y)/\partial y \sin\Theta$$

$$\partial g(x,y)/\partial y' = -\partial g(x,y)/\partial x \sin\Theta + \partial g(x,y)/\partial y \cos\Theta$$

De plus, la direction dans laquelle intervient la plus importante variation de $g(x,y)$ est donnée par :

$$\Theta(x,y) = \text{Arc tg} \frac{\partial g(x,y)/\partial y}{\partial g(x,y)/\partial x}$$

L'amplitude de cette variation est :

$$\rho(x,y) = \sqrt{\left[\partial g(x,y)/\partial x\right]^2 + \left[\partial g(x,y)/\partial y\right]^2}$$

Le vecteur de module ρ et de direction Θ n'est autre que le gradient de $g(x,y)$ au point $A(x,y)$.

Pour une fonction image numérique, les dérivées directionnelles peuvent être approchées par les différences :

$$\Delta_x\left[g(k,l)\right] = g(k,l) - g(k-1,l)$$

$$\Delta_y \left[g(k,l)\right] = g(k,l) - g(k,l-1)$$

de telle sorte que l'amplitude et la direction du gradient en $A(k,l)$ prennent la forme :

$$\Theta(k,l) = \text{Arctg} \frac{\Delta_y [g(k,l)]}{\Delta_x [g(k,l)]}$$

$$\rho(k,l) = \sqrt{\left\{\Delta_x\left[g(k,l)\right]\right\}^2 + \left\{\Delta_y\left[g(k,l)\right]\right\}^2}$$

Il faut toutefois remarquer que les différences $\Delta_x [g(k,l)]$ et $\Delta_y [g(k,l)]$ ne sont pas calculées sur des points symétriques par rapport au point $A(k,l)$ où l'on désire estimer le gradient. Cette objection est facilement levée en utilisant, pour estimer les dérivées directionnelles, les opérateurs :

$$\Delta_0\left[g(k,l)\right] = g(k+1,l) - g(k-1,l)$$

$$\Delta_{\Pi/2} \left[g(k,l)\right] = g(k,l+1) - g(k,l-1)$$

ou les opérateurs :

$$\Delta_{\Pi/4} \left[g(k,l)\right] = g(k,l+1) - g(k+1,l)$$

$$\Delta_{3\Pi/4} \left[g(k,l)\right] = g(k+1, l+1) - g(k,l)$$

Les opérateurs $\Delta_0[g]$ et $\Delta_{\Pi/2}[g]$ indiquent les variations de g de part et d'autre du point $A(k,l)$ dans les directions horizontales et verticales alors que les opérateurs $\Delta_{\Pi/4}[g]$ et $\Delta_{3\Pi/4}[g]$, souvent appelés opérateurs de Roberts /8/, indiquent les variations diagonales de g de part et d'autre du point $A(k+1/2, l+1/2)$ (cf. Figure VII.3.). Si l'on désire connaître les variations de g par unité de distance, il convient de diviser $\Delta_0[g]$ et $\Delta_{\Pi/2}[g]$ par 2 alors que $\Delta_{\Pi/4}[g]$ et $\Delta_{3\Pi/4}[g]$ doivent être divisés par $\sqrt{2}$. Pour des raisons de rapidité de calcul, on estime parfois la valeur de l'amplitude du gradient par la valeur maximale des modules de $\Delta_0[g]$ et $\Delta_{\Pi/2}[g]$ ou de $\Delta_{\Pi/4}[g]$ et $\Delta_{3\Pi/4}[g]$.

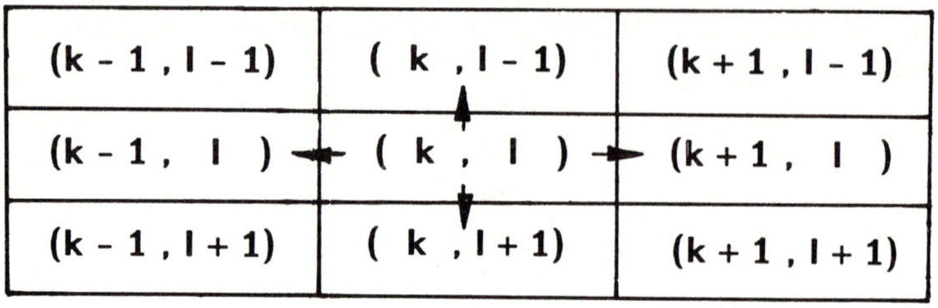

(a)

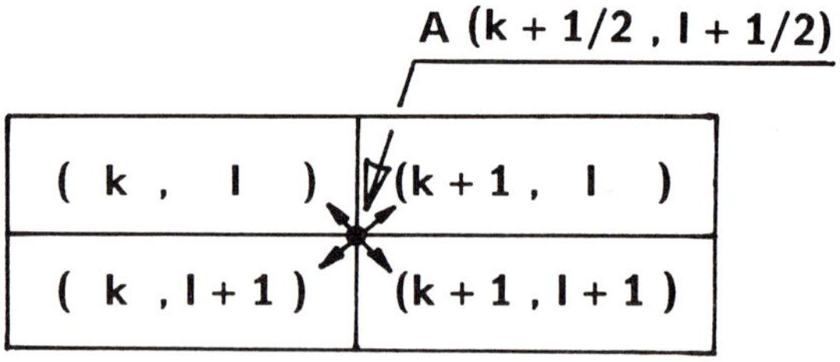

(b)

Figure VII.3. : (a) Représentation graphique des opérateurs $\Delta_0[g]$ et $\Delta_{\Pi/2}[g]$

(b) Représentation graphique des opérateurs $\Delta_{\Pi/4}[g]$ et $\Delta_{3\Pi/4}[g]$

Les opérateurs différentiels sont sensibles aux bruits qui, sur une image, peuvent par exemple prendre la forme du grain d'une photographie ou résulter du bruit d'un canal de transmission en télécommunications. Ces effets perturbateurs peuvent être réduits si on effectue un lissage préalable sur toute l'image. Ces techniques de prétraitement atténuent les petites variations locales du niveau de gris constituant le bruit tout en préservant les variations significatives apparaissant aux frontières entre les régions.

On a coutume de visualiser le résultat du calcul du gradient en présentant une *image-gradient* dans laquelle le niveau de gris de chaque point $A(k,l)$ est proportionnel à la valeur estimée du module $\rho(k,l)$ du gradient en ce point. La figure VII.4(a) indique ce résultat sur l'image des biscuits de la figure II.2.

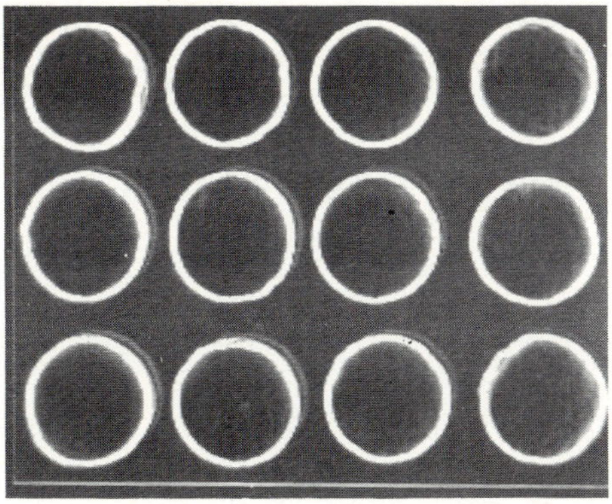

(a)

Figure VII.4. :

(a) Image gradient de l'image de la figure II.2.

(b) Histogramme des amplitudes du gradient. Les trois modes correspondent respectivement

- au fond très régulier (gradients faibles)
- aux biscuits dont le niveau de gris n'est pas uniforme (gradients moyens)
- aux contours (gradients élevés)

(c) Image gradient binarisée (Le seuil est ajusté en So).

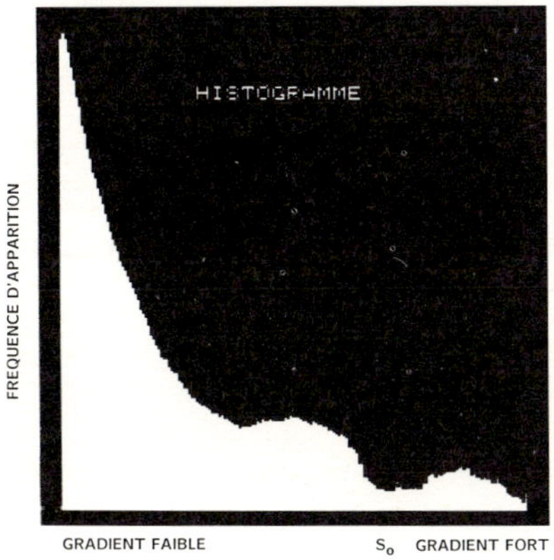

(b)

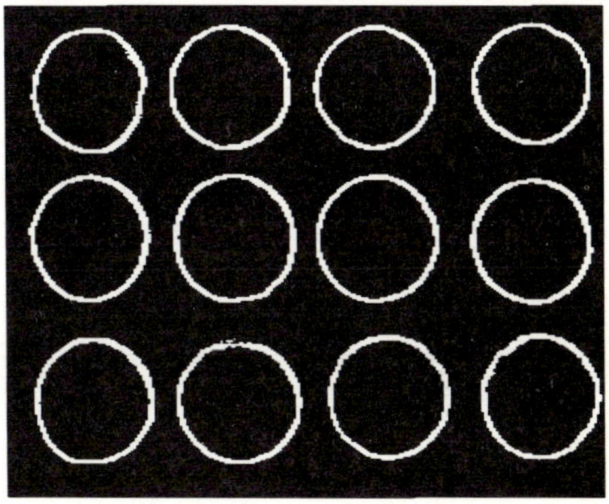

(c)

Une technique plus rapide et tout au moins aussi efficace consiste à combiner opérateurs de lissage et opérateurs différentiels. Pour formaliser cette approche, considérons le (2d+1)-voisinage du point $A(k,l)$ constitué des points $A(k+i, l+j)$ tels que :

$$\begin{cases} -d \leqslant i \leqslant +d \\ -d \leqslant j \leqslant +d \end{cases}$$

On note V(d) l'ensemble des couples de valeurs de i et j satisfaisant à ces deux conditions et :

$$G(k,l,\mathrm{d}) = \begin{bmatrix} g(k-\mathrm{d},l-\mathrm{d}) & \cdots & g(k+\mathrm{d},l-\mathrm{d}) \\ \vdots & \ddots \quad g(k,l) \quad \ddots & \vdots \\ g(k-d,l+d) & \cdots & g(k+d,l+d) \end{bmatrix}$$

la matrice carrée constituée des valeurs des niveaux de gris

$$g(k+\mathrm{i},\ l+\mathrm{j})\ ,\quad (\mathrm{i},\mathrm{j}) \in V(\mathrm{d})$$

Soit maintenant $W(\mathrm{d}) = [w(u,v)]$, $(u,v) \in V(\mathrm{d})$, une matrice carrée de pondération de même dimension que $G(k,l,\mathrm{d})$. On définit le produit interne des matrices $G(k,l,\mathrm{d})$ et $W(\mathrm{d})$ par

$$G(k,l,\mathrm{d}) \wedge W(\mathrm{d}) = \sum_{(\mathrm{i},\mathrm{j})\in V(\mathrm{d})} g(k+\mathrm{i},\ l+\mathrm{j}) \cdot w(\mathrm{i},\mathrm{j})$$

Les opérateurs différentiels $\Delta_0\ g(k,l)$ et $\Delta_{\Pi/2}\ g(k,l)$ prennent ainsi la forme :

$$\Delta_0\ g(k,l) = G(k,l,1) \wedge W_0(1)$$

et

$$\Delta_{\Pi/2}\ g(k,l) = G(k,l,1) \wedge W_{\Pi/2}(1)$$

avec :

$$W_0(1) = \begin{bmatrix} 0 & 0 & 0 \\ -1 & 0 & +1 \\ 0 & 0 & 0 \end{bmatrix} \quad \text{et} \quad W_{\Pi/2}(1) = \begin{bmatrix} 0 & -1 & 0 \\ 0 & 0 & 0 \\ 0 & +1 & 0 \end{bmatrix}$$

Il existe de nombreuses solutions qui permettent de combiner des opérateurs de lissage avec des opérateurs différentiels. Le *gradient-lissé*, pour lequel les matrices de pondération sont de la forme :

$$W'_0 = \begin{bmatrix} -1 & 0 & +1 \\ -1 & 0 & +1 \\ -1 & 0 & +1 \end{bmatrix} \quad \text{et} \quad W'_{\Pi/2} = \begin{bmatrix} -1 & -1 & -1 \\ 0 & 0 & 0 \\ +1 & +1 & +1 \end{bmatrix}$$

consiste à calculer les différences entre les valeurs moyennes du niveau de gris déterminées sur des segments de lignes et de colonnes encadrant le point $A(k,l)$.

Sobel /9/ a proposé les matrices de pondération :

$$W''_0 = \begin{bmatrix} -1 & 0 & +1 \\ -2 & 0 & +2 \\ -1 & 0 & +1 \end{bmatrix} \quad \text{et} \quad W''_{\Pi/2} = \begin{bmatrix} -1 & -2 & -1 \\ 0 & 0 & 0 \\ +1 & +2 & +1 \end{bmatrix}$$

dans lesquelles les sommes simples de l'opérateur précédent sont remplacées par des sommes pondérées où les points milieux des segments de ligne ou de colonnes interviennent avec un poids double de ceux des extrémités.

0	0	0
-1	0	+1
0	0	0

0	-1	0
0	0	0
0	+1	0

(a)

-1	0	+1
-1	0	+1
-1	0	+1

-1	-1	-1
0	0	0
+1	+1	+1

(b)

-1	0	+1
-2	0	+2
-1	0	+1

-1	-2	-1
0	0	0
+1	+2	+1

(c)

-1	0	+1
$-\sqrt{2}$	0	$+\sqrt{2}$
-1	0	+1

-1	$-\sqrt{2}$	-1
0	0	0
+1	$+\sqrt{2}$	+1

(d)

Figure VII.5.: Représentation schématique des différents opérateurs différentiels
(a) Gradient simple (c) Opérateur de Sobel
(b) Gradient lissé (d) Gradient isotropique

Pour le *gradient isotropique*, les coefficients de pondération sont inversement proportionnels aux distances séparant les voisins pris en compte du point A(k,l) où le gradient est estimé. On obtient ainsi les matrices de pondération :

$$W'''_0 = \begin{bmatrix} -1 & 0 & +1 \\ -\sqrt{2} & 0 & +\sqrt{2} \\ -1 & 0 & +1 \end{bmatrix} \quad \text{et} \quad W'''_{\Pi/2} = \begin{bmatrix} -1 & -\sqrt{2} & -1 \\ 0 & 0 & 0 \\ +1 & +\sqrt{2} & +1 \end{bmatrix}$$

La figure VII.5. donne des représentations schématiques de ces différentes opérations qui ne constituent qu'une fraction de l'ensemble des possibilités offertes à l'analyste /10/.

VII.4.2. Identification des points de transition

Nous avons jusqu'ici présenté des opérateurs qui permettent d'estimer le module $\rho(k,l)$ et la direction $\theta(k,l)$ du gradient de la fonction image $g(k,l)$ en chaque point A(k,l) . Il s'agit maintenant d'utiliser ces attributs pour mettre en évidence la classe des points de transition de l'image analysée, c'est-à-dire la classe des points susceptibles d'appartenir à des contours.

Il est en général difficile, sinon impossible, d'obtenir des prototypes de ces points qui apparaissent sous la forme de lignes à la frontière entre les régions d'une image ou sous la forme de points isolés si l'image est bruitée. La découverte et l'identification de la classe des points de transition apparaît donc souvent comme un problème de classification automatique. On le résoud généralement en ne considérant qu'un seul attribut : le module $\rho(k,l)$ du gradient. En analysant l'ensemble des valeurs de $\rho(k,l)$ sur toute l'image, il s'agit alors de mettre en évidence le mode,sinon la plage de variation,de cet attribut qui représente la contribution des points de transition (cf.Figure VII.4(b)).

Des schémas plus élaborés consistent à adjoindre d'autres attributs locaux à $\rho(k,l)$ afin de définir un vecteur d'attributs en chaque point A(k,l) . De telles procédures peuvent s'avérer nécessaires si l'intérieur de certaines régions de l'image présente une texture marquée. Dans ce cas, en effet, le module du gradient prend des valeurs aussi élevées à l'intérieur qu'à la frontière de ces régions. Dans la distribution du paramètre $\rho(k,l)$, il y a alors chevauchement des modes associés aux points intérieurs et aux points frontières de ces régions texturées. Comme nous l'avons vu au Chapitre II, l'adjonction d'attributs supplémentaires permet souvent d'améliorer la séparabilité des classes en augmentant la dimension de l'espace de représentation des observations.

VII.4.3. Reconstitution des contours

La dernière phase de la détection des contours consiste à reconstituer des lignes de points-image à partir des points de transition sélectionnés par la procédure de classification évoquée au paragraphe précédent.

La reconstitution des lignes de contour peut être assurée par des procédures séquentielles de suivi de contour qui utilisent deux types d'informations : le module $\rho(k,l)$ et l'orientation $\Theta(k,l)$ des points de transition sélectionnés /11, 12, 13/.

Supposons qu'au $i^{\text{ième}}$ pas de ce processus séquentiel on ait identifié une série de points $P_1, P_2, \ldots, P_l$ représentant une fraction de contour et que l'on désire savoir s'il existe dans le voisinage de P_l un point P_{l+1} faisant partie de ce contour.

Si le contour doit se prolonger au-delà du point P_l où le module et l'orientation du gradient ont respectivement les valeurs ρ_l et Θ_l, le point P_{l+1} doit être voisin de P_l et son gradient doit avoir les valeurs de ρ_{l+1} et Θ_{l+1} compatibles avec ρ_l et Θ_l. Le problème revient alors à rechercher parmi les points de transition proches de P_l le point P_{l+1} qui minimise une fonction de coût :

$$h\left[\Delta\,\rho(l,\ l+1)\ ,\quad \Delta\Theta(l,\ l+1)\right]$$

où :

$$\Delta\rho(l,\ l+1) = \rho_l - \rho_{l+1}$$

et :

$$\Delta\Theta(l,\ l+1) = \Theta_l - \Theta_{l+1}$$

La fonction h(.) assure un compromis qui évite les changements brutaux de direction et d'amplitude du gradient en parcourant le contour. L'ensemble des points de transition parmi lesquels on doit choisir P_{l+1} est défini par une contrainte de la forme :

$$\|P_{l+1}\ ,\ P_l\| \leqslant \delta$$

où $\| P_{l+1} , P_l \|$ représente la distance qui sépare les points P_l et P_{l+1}. Si $\delta = 1$, on cherche le point P_{l+1} dans le 4-voisinage de P_l ; si $\delta = \sqrt{2}$, on explore le 8-voisinage. Si δ est supérieur à $\sqrt{2}$, on perd la notion de connexité. Il faut alors prévoir une procédure spéciale pour fermer éventuellement les contours.

VII.5. SEGMENTATION PAR ETIQUETAGE PROBABILISTE

Nous avons montré comment aborder la segmentation d'une image en classant les points qui la constituent sur la base d'attributs locaux mesurés ou calculés en ces points. Cependant, même si la théorie de la décision permet de minimiser le taux d'erreur des procédures de classement et de classification, il ne faut pas perdre de vue que lorsque les classes se chevauchent, il existe un taux d'erreur minimum en dessous duquel il est théoriquement impossible de descendre.

Aussi, malgré tout le soin que l'opérateur peut apporter à l'analyse de ses images, un certain nombre de points seront inévitablement mal classés, dégradant par le fait même les performances des procédures de segmentation.

Dans l'exemple simple du contrôle de qualité des biscuits du Chapitre II, nous avons vu que la distribution des niveaux de gris des biscuits et du fond se chevauchent de manière importante (cf. Figure II.5(a)). Dans une procédure de binarisation simple sur la base du seul niveau de gris des points de l'image, il y aura toujours des points du fond assignés à des biscuits et vice-versa, quelque soit l'ajustement du seuil de binarisation.

On peut cependant améliorer les résultats des procédures de classement et de classification en prenant en compte le voisinage de chaque point élémentaire et en analysant la compatibilité de la classe à laquelle il est affecté avec les classes auxquelles ses voisins immédiats sont assignés.

Plus précisèment, si un point est assigné à la même classe que la majorité de ses voisins dans l'image, la probabilité pour que cette décision soit correcte est plus grande que si ce point est le seul parmi tous ses voisins à être assigné à cette classe.

Cette simple constatation permet d'augmenter ou de diminuer la probabilité que le point considéré appartienne effectivement à la classe à laquelle il est assigné, selon qu'il y a compatibilité ou non avec les décisions prises pour ses voisins.

En réajustant de manière itérative ces probabilités, on aboutit à un schéma *d'étiquetage probabiliste*, appelé parfois "processus de relaxation", qui tend à confirmer les décisions compatibles à l'échelle d'un voisinage et à infirmer les décisions qui apparaissent incompatibles dans ce voisinage /14, 15, 16/.

VII.5.1. L'étiquetage probabiliste itératif

Soit un ensemble d'observations:

$$\mathcal{X} = \left\{ X_1, X_2, ..., X_m, ..., X_M \right\}$$

dont chaque élément appartient à l'une des classes :

$$C_k \ , \quad k = 1, 2, ..., K$$

A chaque observation X_m , on associe un vecteur-probabilité :

$$P_m = \left[P_{m,1}, P_{m,2}, ..., P_{m,k}, ..., P_{m,K} \right]^T$$

où $P_{m,k}$ indique la probabilité que l'observation X_m appartient à la classe C_k .

On a :

$$\left.\begin{array}{l} \sum_{k=1}^{K} P_{m,k} = 1 \\ O \leqslant P_{m,k} \leqslant 1 \end{array}\right\} \qquad \forall m = 1, 2, ..., M$$

Pour chaque paire d'observations X_m et $X_{m'}$, et chaque paire de classes C_k et $C_{k'}$, on dispose d'une mesure de compatibilité entre les deux décisions :

$$X_m \in C_k$$

et

$$X_{m'} \in C_{k'} .$$

Cette compatibilité est représentée par un coefficient :

$C_{m,m'}(k,k')$

tel que :

a) $-1 \leqslant C_{m,m'}(k,k') \leqslant +1$

b) si $X_m \in C_k$ est compatible avec $X_{m'} \in C_{k'}$, alors : $C_{m,m'}(k,k') > 0$

c) si $X_m \in C_k$ est incompatible avec $X_{m'} \in C_{k'}$, alors : $C_{m,m'}(k,k') < 0$

d) si les deux décisions sont indépendantes, alors $C_{m,m'}(k,k') = 0$

e) l'amplitude du coefficient $C_{m,m'}(k,k')$ indique le degré de compatibilité entre les deux décisions.

Le processus d'étiquetage probabiliste itératif consiste à réactualiser les valeurs des composantes $P_{m,k}$ de chaque vecteur P_m selon le schéma :

$$P^{(i+1)}_{m,k} = \frac{P^{(i)}_{m,k}\left[1 + q^{(i)}_{m,k}\right]}{\sum_{k'=1}^{K} P^{(i)}_{m,k'}\left[1 + q^{(i)}_{m,k'}\right]}$$

avec :

$$q^{(i)}_{m,k} = \sum_{m'=1}^{M} \sum_{k'=1}^{K} C_{m,m'}(k,k') P^{(i)}_{m',k'}$$

S'il y a globalement une certaine compatibilité entre la décision $X_m \in C_k$ et les classes auxquelles les autres éléments de X ont la plus forte probabilité d'appartenir, $q^{(i)}_{m,k}$ est positif et la probabilité pour que la décision $X_m \in C_k$ soit bonne est renforcée. En cas d'incompatibilité globale, cette probabilité est diminuée et la décision est infirmée.

VII.5.2. Calcul des coefficients de compatibilité

Dans le cadre de l'analyse des images numériques, les observations X_m, $m = 1, 2, ..., M$ sont les vecteurs d'attributs relatifs aux points

A_m , $m = 1, 2, ..., M$ d'une image. Il est donc équivalent d'écrire $X_m \in C_k$ ou $A_m \in C_k$.

Pratiquement, lorsqu'on ajuste la probabilité $P_{m,k}$ pour que la décision $A_m \in C_k$ soit correcte, seules interviennent les décisions prises au niveau des points situés dans le voisinage immédiat de A_m. En utilisant le 8-voisinage classique, cela revient à annuler les coefficients $C_{m,m'}(k,k')$ dès que la distance séparant les points A_m et $A_{m'}$ est supérieure à $\sqrt{2}$, quels que soient k et k' .

Les coefficients de compatibilité utilisés dans le schéma itératif sont indépendants des probabilités $P^{(i)}_{m,k}$ estimés à chaque itération. Ils doivent donc être calculés avant d'engager la procédure et restent constants durant tout son déroulement. Les coefficients de compatibilité $C_{m,m'}(k,k')$ ne dépendent en général que des positions relatives des points A_m et $A_{m'}$, et non de leurs positions absolues dans l'image. L'étiquetage probabiliste ne nécessite donc que la détermination de $8.K^2$ coefficients de compatibilité pour le 8-voisinage usuel.

On détermine en général les coefficients de compatibilité à partir des *indicateurs de compatibilité* :

$$R_{m,m'}(k,k') = \frac{P(A_m \in C_k | A_{m'} \in C_{k'})}{P(A_m \in C_k)}$$

Quand la décision $A_m \in C_k$ est compatible avec la décision $A_{m'} \in C_{k'}$, $R_{m,m'}(k,k')$ est supérieur à l'unité car le fait de savoir que $A_{m'}$ appartient à $C_{k'}$ augmente la probabilité que A_m appartienne à C_k . Si les deux décisions sont incompatibles $R_{m,m'}(k,k')$ est inférieure à l'unité. Ce rapport est égal à l'unité si les deux décisions sont indépendantes. Le logarithme de $R_{m,m'}(k,k')$, qui représente l'information mutuelle qui lie les deux décisions, présente les propriétés recherchées pour un coefficient de compatibilité, c'est-à-dire qu'il est positif si les deux décisions sont compatibles, négatif dans le cas contraire et nul si elles sont indépendantes. Par des changements d'échelle appropriés ou des troncatures, on peut ramener les variations de ces coefficients dans l'intervalle $[-1, +1]$.

Pour illustrer cette procédure, revenons au problème de la binarisation de l'image des biscuits rencontrée au Chapitre II, pour laquelle nous avions mis en évidence la classe C_1 des points relatifs aux biscuits de la classe C_2 des points du fond de l'image. Les surfaces relatives occcupées par les biscuits et le fond nous avaient permis de déterminer les probabilités a priori des deux classes, c'est-à-dire $P(A_m \in C_1)$ et $P(A_m \in C_2) = 1 - P(A_m \in C_1)$.

D'autre part, en supposant les transitions biscuit/fond idéales, la connaissance de la résolution spatiale de l'image numérique permet de connaître approximativement la probabilité

$$P\,(A_m \in C_2 \mid A_{m'} \in C_1)$$

qu'un point A_m appartienne au fond sachant qu'un de ses voisins $A_{m'}$ appartient à un biscuit. On a alors :

$$P(A_m \in C_2 \mid A_{m'} \in C_1) = 1 - P\,(A_m \in C_1 \mid A_{m'} \in C_1)$$

En supposant :

$$P(A_m \in C_2 \mid A_{m'} \in C_1) = P(A_m \in C_1 \mid A_{m'} \in C_2)$$

il vient :

$$P(A_m \in C_2 \mid A_{m'} \in C_2) = 1 - P(A_m \in C_1 \mid A_{m'} \in C_2)$$

$$= P(A_m \in C_1 \mid A_{m'} \in C_1)$$

Dans ces conditions, on a :

$$R_{m,m'}\,(1,1) = \frac{P(A_m \in C_1 \mid A_{m'} \in C_1)}{P(A_m \in C_1)}$$

$$R_{m,m'}\,(1,2) = \frac{1 - P(A_m \in C_1 \mid A_{m'} \in C_1)}{P(A_m \in C_1)}$$

$$R_{m,m'}(2,1) = \frac{1 - P(A_m \in C_1 \mid A_{m'} \in C_1)}{1 - P(A_m \in C_1)}$$

$$R_{m,m'}(2,2) = \frac{P(A_m \in C_1 \mid A_{m'} \in C_1)}{1 - P(A_m \in C_1)}$$

Comme la probabilité d'avoir deux points voisins appartenant tous les deux à un biscuit est beaucoup plus élevée que celle d'avoir une paire mixte lorsque l'on sait que l'un des points est situé sur un biscuit, on a :

$$P(A_m \in C_1 \mid A_{m'} \in C_1) > 0{,}5$$

Si on suppose, comme nous l'avons fait au chapitre II, que :

$$P(A_m \in C_1) = P(A_m \in C_2) = 0{,}5$$

on constate que les coefficients de compatibilité obtenus à partir des indicateurs vérifient les relations :

$$C_{m'm'}(1,1) = C_{m,m'}(2,2)\ , \qquad C_{m,m'}(1,1) > 0$$

et

$$C_{m,m'}(2,1) = C_{m,m'}(1,2)\ , \qquad C_{m,m'}(1,2) < 0$$

VII.5.3. Calcul des probabilités initiales

Le calcul des probabilités initiales $P^{(o)}_{m,k}$ dépend essentiellement du type de problème considéré. Pour l'exemple de la segmentation de l'image des biscuits clairs sur fond foncé, on peut définir la probabilité initiale que le point A_m appartienne à la classe C_1 des biscuits par :

$$P^{(o)}_{m,1} = \frac{g(A_m) - \min(g)}{\max(g) - \min(g)}$$

où $g(A_m)$ est le niveau de gris du point A_m , max(g) et min(g) le maximum et le minimum de la fonction $g(.)$ sur toute l'image. Par analogie :

$$P^{(o)}_{m,2} = \frac{\max(g) - g(A_m)}{\max(g) - \min(g)}$$

est la probabilité initiale que le point A_m de niveau de gris $g(A_m)$ appartienne au fond.

Des expressions analogues permettent d'estimer la probabilité initiale qu'un point d'une image soit un point de contour, la fonction g représentant alors le module du gradient en chaque point. Les procédures d'étiquetage probabiliste permettent ainsi de renforcer la probabilité pour un point de fort gradient d'appartenir à un contour si ses voisins présentent également un gradient élevé /17, 18/.

VII.6. CONCLUSION

Les procédures de segmentaion présentées dans ce chapitre, qu'il s'agisse de techniques de reconstitution de régions ou de reconstitution de contours, font toutes implicitement référence à des modèles de régions à niveau de gris uniforme. Dans les cas où l'image présente une variabilité locale trop élevée du niveau de gris, un prétraitement de type lissage améliore sensiblement les performances de ces procédures.

Il n'est cependant pas toujours opportun de vouloir réduire une image à une juxtaposition de régions d'intensité lumineuse uniforme. En effet, les variations locales du niveau de gris peuvent représenter des *textures* dont l'analyse, exposée au chapitre suivant, apporte des informations très utiles à l'interprétation du contenu des images numériques.

BIBLIOGRAPHIE

/1/ ZUCKER, S.W.
Region growing : childhood and adolescence
Computer Graphics and Image Processing, Vol. 5, pp 382-399, 1976

/2/ FU, K.S.. and MUI, J.K.
A survey on image segmentation
Pattern recognition, Vol. 13, pp 3-16, 1981

/3/ ROCK, I
Introduction to perception
Macmillan, New-York, 1975

/4/ RAMAKANT, N.
Machine perception
Prentice-Hall, Englewood Cliffs, 1982

/5/ MARR, D.
Analyzing natural images ; a computational theory of texture vision
Techn. Report 334, A.I. Laboratory, M.I.T., Cambridge, Mass., 1975

/6/ DAVIS, L.S.
A survey of edge detection techniques
Computer Graphics and Image Processing, Vol. 4, pp 248-270, 1975

/7/ PELI, T. and MALAH, D.
A study of edge detection algorithms
Computer Graphics and Image Processing, Vol. 20, pp 1-21, 1982

/8/ ROBERTS, L.G.
Machine perception of three dimensional solids
Optical and Electro Optical Information Processing
(Tippett, J.T. et al., Eds)
M.I.T. Press, Cambridge, Mass. pp 159-197, 1965

/9/ DUDA, R.O. and HART, P.E.
Pattern classification and scene analysis
Wiley, New-York, p 271, 1973

/10/ ABDOU, I.E. and PRATT, W.K.
Quantitative design and evaluation of enhancement/thresholding edge detectors
Proceeding of the IEEE, Vol. 62, n 5, pp 753-763, 1979

/11/ MONTANARI, U.
On the optimum detection of curves in noisy pictures
Commun. A.C.M. Vol. 14, n 5, pp 335-345, 1971

/12/ MARTELLI A.
Edge detection using heuristic search methods
Computer graphics and Image Processing, Vol. 1, n 2, pp 169-182, 1972

/13/ CHIEN, Y.P. and FU, K.S.
A decision function method for boundary detection
Computer Graphics and Image Processing, Vol. 3, n 2, pp 125-140, 1974

/14/ DANKER, A.J. and ROSENFELD, A.
Blob detection by relaxation
IEEE trans. on Pattern Analysis and Machine Intelligence, Vol. PAMI-3, n 1, pp 79-92, 1981

/15/ FEKETE, G. ; EKLUNDH, J.O. and ROSENFELD, A.
Relaxation : Evaluation and Applications
IEEE Trans. on Pattern Analysis and Machine Intelligence Vol. PAMI-3, n 4, pp 459-469, 1981

/16/ ROSENFELD, A. and SMITH, R.C.
Thresholding using relaxation
IEEE Trans on Pattern Analysis and Machine Intelligence Vol. PAMI-3, n 5, pp 598-606, 1981

/17/ PELEG, S. and ROSENFELD, A.
Determining compatibility coefficients for curve enhancement relaxation process
IEEE Trans on Systems, Man, and Cybernetics,
Vol. SMC-8, n 7, pp 548-555, 1978

/18/ DANKER, A. and ROSENFELD, A.
Strip detection using relaxation
Pattern Recognition, Vol. 12, pp 97-100, 1980

8

Analyse des textures et segmentation

VIII.1. NOTION DE TEXTURE

Bien qu'elle soit intimement liée à la perception visuelle de la surface des objets de notre environnement, la notion de texture ne fait pas référence à un concept parfaitement défini. La définition du dictionnaire: "arrangement, disposition des éléments" permet cependant de cerner ce concept en ce sens que la texture d'une surface se traduit par une organisation spatiale plus ou moins homogène d'éléments simples.

Un mur de briques, du grillage métallique, une peau de lézard, un tissu, une étendue de sable ou de gravier, etc... présentent des textures bien différenciées que l'on qualifie de fines ou grossières, de ridées ou granuleuses, de régulières ou irrégulières, d'isotropes ou anisotropes, etc...(cf. Figure VIII.1.)

Dans le contexte de l'analyse des images numériques, la description d'une texture dépend essentiellement de la résolution de l'image, c'est-à-dire du nombre moyen de points-image représentant chaque élément discernable de la texture considérée. Si ce nombre est très important, on peut décrire ces éléments de manière détaillée et découvrir leur organisation spatiale. Il s'agit d'une approche structurale qui ne rentre pas dans le cadre de cet ouvrage /1, 2/.

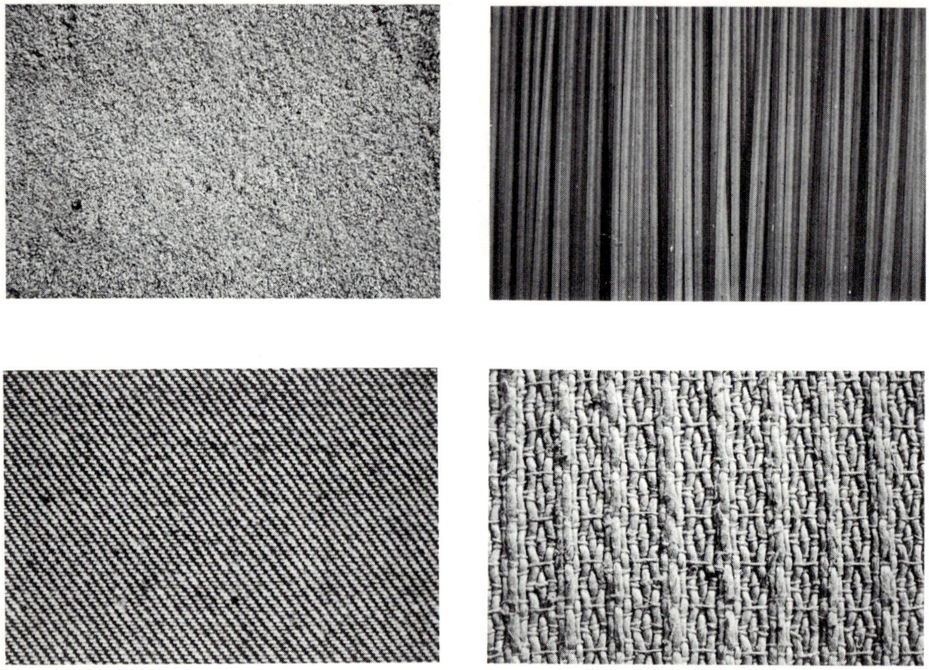

Figure VIII.1. : Quatre exemples de textures.

Si, par contre, le nombre de points-image est faible et tend vers l'unité, il devient difficile, sinon impossible, de décrire individuellement les éléments de la texture. On adopte alors une description statistique en analysant la distribution des niveaux de gris sur des zones de l'image plus ou moins étendues.

Dans le cadre de cette approche statistique, il existe de très nombreux attributs qui permettent de caractériser une texture. Certains de ces attributs, de type global, ne peuvent être déterminés que sur de grandes étendues de texture. Ils ne peuvent donc être utilisés que si la texture analysée couvre tout le champ de la caméra ou, tout au moins, une région de l'image bien définie à l'avance. L'exploitation de ces attributs globaux permet de reconnaître la texture d'une région supposée homogène. On regroupe sous le terme de méthodes *d'analyse de textures* les techniques d'extration d'attributs globaux utilisables pour caractériser les textures. Ces attributs peuvent servir à reconnaître un type de texture parmi plusieurs possibilités identifiées à la suite d'une phase d'apprentissage. Ils ne permettent pas, en général, de segmenter une image en assignant ses points à des classes qui définissent des régions.

VIII.2. ANALYSE DE TEXTURES

La reconnaissance des textures est abordée ici sous l'angle de la théorie de la décision. Il s'agit de sélectionner des attributs pertinents qui permettent de bien séparer les classes représentatives des différentes textures dans l'espace des attributs.

S'il est possible de procéder à une phase d'apprentissage, les caractéristiques statistiques de la distribution des vecteurs d'attributs seront déterminées en utilisant les prototypes de textures disponibles. La reconnaissance d'une texture inconnue se ramène alors au classement des vecteurs d'attributs associés en employant l'une des méthodes présentées au Chapitre IV.

Si le problème considéré consiste à analyser un ensemble de textures totalement inconnues afin d'y découvrir éventuellement des classes qui regroupent des textures semblables, il s'agit d'un problème de classification tel que nous l'avons abordé aux chapitres V et VI.

VIII.2.1. Energie des textures

Une méthode pour analyser les variations spatiales de la fonction image g(x,y) consiste à la décomposer sur une base de fonctions orthogonales. La Transformée de Fourier G(u,v) de la fonction g(x,y) définie par

$$G(u,v) = \int_{-\infty}^{+\infty} \int_{-\infty}^{+\infty} g(x,y) \ \exp\left[- 2\Pi \ j\,(ux + vy)\right] dx\,dy \quad (1)$$

permet de passer d'une représentation de l'image dans le domaine spatial (coordonnées x et y) à une représentation dans le domaine fréquentiel (variables u et v) /3/.

Inversement, connaissant G(u,v) , on peut calculer la valeur de la fonction-image en tout point A(x,y) en utilisant la Transformée de Fourier Inverse :

$$g(x,y) = \int_{-\infty}^{+\infty} \int_{-\infty}^{+\infty} G(u,v) \exp\left[2\Pi \ j(ux + vy)\right] du \, dv \quad (2)$$

Dans le contexte d'une image numérique de dimension KxL , cette représentation dans le domaine fréquentiel est obtenue par la Transformation de Fourier Discrète (TFD) /4/ :

$$G(u,v) = \frac{1}{KL} \sum_{k=0}^{K-1} \sum_{l=0}^{L-1} g(k,l) \exp\left[-2\Pi \ j(k/K \ u + l/L \ v)\right] \quad (3)$$

Bien que cette expression puisse être interprétée comme une approximation de l'intégrale de Fourier de l'équation (1), il est important de rappeler que l'équation (3) est en fait la forme exacte de la Transformation de Fourier Discrète du tableau des valeurs numériques $g(k,l)$, $k = 1,2, ..., K$; $l=1,2, ..., L$ de dimension KxL constituant la forme discrète de la fonction-image.

L'expression de la Transformation de Fourier Discrète Inverse (TFDI):

$$g(k,l) = \sum_{u=0}^{K-1} \sum_{v=0}^{L-1} G(u,v) \exp\left[2\Pi \ j\ (k/K \ u + l/L \ v)\right] \quad (4)$$

indique que le niveau de gris en tout point $A(k,l)$ de l'image peut être exprimé par une somme pondérée de fonctions exponentielles complexes (ou fonctions sinusoïdales) ayant différentes fréquences spatiales. Les termes de cette somme de fréquence basse représentent les variations douces du niveau de gris au travers de l'image alors que les termes de fréquence élevée sont associés aux variations brutales de la fonction-image, telles qu'on peut les rencontrer sur le contour des objets, par exemple.

En découpant l'espace de représentation des Transformées de Fourier en couronnes concentriques ou en secteurs angulaires selon le schéma radial ou le schéma angulaire de la figure VIII.2., on peut caractériser une texture dont on a déterminé préalablement la Transformation de Fourier Discrète en calculant l'énergie de cette texture dans chacun de ces domaines /5/.

L'attribut associé à la couronne de rayon intérieur r_i et de rayon extérieur r_2 est donné par :

$$x(r_1, r_2) = \iint \left|G(u,v)\right|^2 du \, dv$$

avec, pour définir le domaine d'intégration du spectre de puissance $|G(u,v)|^2$:

$$\begin{cases} r_1^2 \leqslant u^2 + v^2 \leqslant r_2^2 \\ u \geqslant 0 \,, \ v \geqslant 0 \end{cases}$$

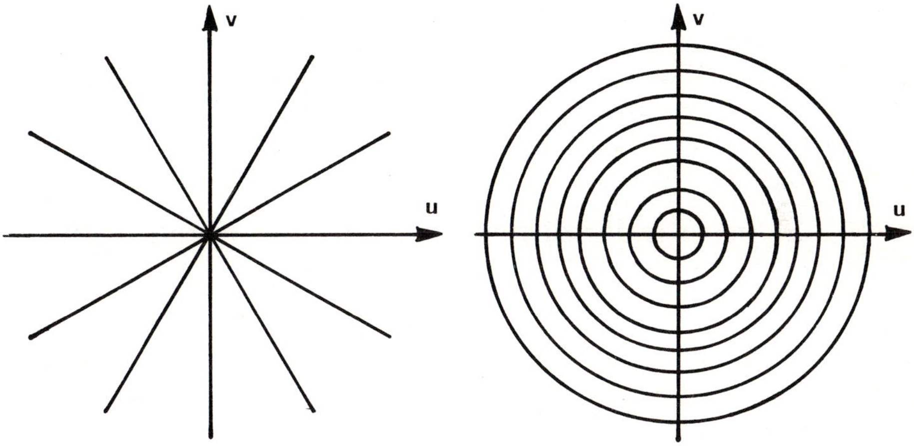

Figure VIII.2. : Partitionnements radial et angulaire de l'espace de représentation de la Transformée de Fourier.

Une texture "douce", pour laquelle on ne décèle des variations significatives du niveau de gris que sur un nombre important de points-image, aura un spectre de puissance caractérisé par de fortes amplitudes dans le domaine des basses fréquences. Les attributs $x(r_1, r_2)$ associés aux couronnes de petits rayons seront prépondérants. Par contre, pour une texture grossière et granuleuse, dans laquelle les variations du niveau de gris sont brutales et rapprochées, le spectre de puissance présente les plus fortes amplitudes dans le domaines des hautes fréquences. Dans ce cas, ce sont les attributs correspondant aux couronnes de grands rayons qui sont prépondérants.

L'attribut associé au secteur angulaire compris entre les angles Θ_1 et Θ_2 est donné par :

$$x(\Theta_1, \Theta_2) = \iint |G(u,v)|^2 \, du \, dv$$

avec, pour définir le domaine d'intégration du spectre de puissance :

$$\begin{cases} \Theta_1 \leqslant \text{Arc tg}\left[u/v\right] \leqslant \Theta_2 \\ u \geqslant 0 , \quad v \geqslant 0 \end{cases}$$

Les attributs ainsi associés au découpage angulaire de l'espace de Fourier reflètent la sensibilité du spectre de puissance à l'orientation des textures. Lorsqu'une texture présente une organisation directionnelle marquée, les plus importantes variations des niveaux de gris apparaissent dans la direction perpendiculaire aux lignes d'orientation préférentielle. Le spectre de puissance a alors tendance à présenter de fortes amplitudes dans cette direction autour de laquelle les attributs $x(\Theta_1, \Theta_2)$ sont prépondérants.

VIII.2.2. Interdépendance spatiale des niveaux de gris

Une texture peut être caractérisée par les relations de dépendance qui existent entre les niveaux de gris des points de son image. Afin de quantifier ces interdépendances, on considère les fréquences relatives $f(i,j\,|d,\Theta)$ avec lesquelles deux points séparés par une distance d selon une orientation Θ apparaissent sur l'image de la texture, l'un avec le niveau de gris g_i , l'autre avec le niveau de gris g_j /6/.

On considère en général les distances d entre les points-image selon quatre directions :

- direction horizontale (H) : $\Theta = 0$

- direction verticale (V) : $\Theta = \Pi/2$

- direction diagonale droite (DD) : $\Theta = \Pi/4$

- direction diagonale gauche (DG) : $\Theta = 3\Pi/4$

Une distance $d=1$ dans la direction horizontale correspond à des couples de points d'une même ligne adjacents. Pour estimer la fréquence $f(i,j\,|d,\Theta)$ avec laquelle le premier point du couple apparaît avec le niveau de gris g_i alors que le second présente un niveau g_j , chaque couple doit être considéré deux fois, selon que l'on scrute de gauche à droite ou inversement.

Pour une distance d=2 dans la direction verticale, on considère tous les couples de points situés sur les colonnes de la grille de discrétisation spatiale et séparés par un seul point. Comme pour la direction horizontale, chaque couple doit être considéré deux fois, selon qu'il est examiné de haut en bas ou de bas en haut.

Pour chaque couple des valeurs de la distance d et de la direction Θ , on définit une *matrice des fréquences relatives* :

$$F(d,\Theta) = \left[f(i,j \,|\, d,\Theta) \right]$$

La taille de ces matrices symétriques ne dépend que du nombre N_g de niveaux de gris pris en compte pour quantifier l'intensité lumineuse. Pour quatre niveaux de gris g_0 , g_1 , g_2 et g_3 , on obtient une matrice à quatre lignes et quatre colonnes :

$$F^*(d,\Theta) = \begin{bmatrix} f^*(0,0 \,|\, d,\theta) & f^*(0,1 \,|\, d,\theta) & f^*(0,2 \,|\, d,\theta) & f^*(0,3 \,|\, d,\theta) \\ f^*(1,0 \,|\, d,\theta) & f^*(1,1 \,|\, d,\theta) & f^*(1,2 \,|\, d,\theta) & f^*(1,3 \,|\, d,\theta) \\ f^*(2,0 \,|\, d,\theta) & f^*(2,1 \,|\, d,\theta) & f^*(2,2 \,|\, d,\theta) & f^*(2,3 \,|\, d,\theta) \\ f^*(3,0 \,|\, d,\theta) & f^*(3,1 \,|\, d,\theta) & f^*(3,2 \,|\, d,\theta) & f^*(3,3 \,|\, d,\theta) \end{bmatrix}$$

L'élément $f^*(i,j\ d,\theta)$ indique le nombre de fois où un couple de points séparés par la distance d dans la direction θ a présenté les niveaux de gris g_i et g_j . La figure VIII.3. indique le résultat des calculs des matrices $F^*(1,0)$, $F^*(1,\Pi/2)$, $F^*(1,\Pi/4)$ et $F^*(1,3\Pi/4)$ pour une image 4x4 codée sur 4 niveaux de gris.

Afin d'obtenir de véritables fréquences relatives, les éléments $f^*(i,j \,|\, d,\Theta)$ des matrices doivent être normalisés en les divisant par le nombre total de paires de points élémentaires séparés par la distance d dans la direction Θ dans toute l'image (ou la région) analysée.

Les matrices de fréquences relatives ainsi obtenues permettent de calculer des attributs qui reflètent les propriétés de l'organisation spatiale d'une texture /7/. On peut d'abord définir *l'hétérogénéité* de la texture par :

$$x_1(d,\Theta) = \sum_{i=1}^{N_g} \sum_{j=1}^{N_g} \left[f(i,j \,|\, d,\Theta) \right]^2$$

Une image homogène a tendance à présenter moins de transitions qu'une image fortement texturée. L'attribut $x_1(d,\Theta)$, qui est d'autant plus important que les niveaux de gris présentent une grande variabilité spatiale, constitue donc une mesure de l'hétérogénéité de la texture.

image

g_o	g_1	g_2	g_3
g_1	g_2	g_3	g_o
g_2	g_3	g_o	g_1
g_3	g_o	g_1	g_2

$$F^*(1,0) = F^*(1,\pi/2) = \begin{bmatrix} 0 & 3 & 0 & 3 \\ 3 & 0 & 3 & 0 \\ 0 & 3 & 0 & 3 \\ 3 & 0 & 3 & 0 \end{bmatrix}$$

$$F^*(1,\pi/4) = \begin{bmatrix} 4 & 0 & 0 & 0 \\ 0 & 4 & 0 & 0 \\ 0 & 0 & 4 & 0 \\ 0 & 0 & 0 & 6 \end{bmatrix} \qquad F^*(1,3\pi/4) = \begin{bmatrix} 0 & 0 & 4 & 0 \\ 0 & 0 & 0 & 4 \\ 4 & 0 & 0 & 0 \\ 0 & 4 & 0 & 0 \end{bmatrix}$$

Figure VIII.3. : Calcul des matrices $F^*(d,\Theta)$ pour une image 4x4 à quatre niveaux de gris.

Le *contraste* d'une texture est caractérisé par la somme pondérée des fréquences correspondant à différents écarts de niveaux de gris. Dans l'attribut :

$$x_2(d,\Theta) = \sum_{n=0}^{N_g-1} n^2 \left[\sum_{i=1}^{N_g} \sum_{j=1}^{N_g} f(i,j\,|d,\Theta) \right] \quad , \quad |\, i - j \,| = n$$

plus les écarts de niveaux de gris sont importants et plus les fréquences sont fortement pondérées, de telle sorte que la valeur prise par cet attribut est d'autant plus élevée que la texture présente un fort contraste.

La dépendance directionnelle des niveaux de gris d'une texture est quantifiée par l'attribut $x_3(d,\Theta)$ qui a la forme d'un coefficient de corrélation dont les plus grandes valeurs sont atteintes lorsque l'angle Θ est voisin de l'orientation des lignes de la texture :

$$x_3(d,\Theta) = \frac{\sum_{i=1}^{N_g} \sum_{j=1}^{N_g} (i - \mu_x)(j - \mu_y)\, f(i, j \mid d, \Theta)}{\sigma_x \quad \sigma_y}$$

avec :

$$\mu_x = \sum_{i=1}^{N_g} i \sum_{j=1}^{N_g} f(i,j \mid d,\Theta)$$

$$\mu_y = \sum_{j=1}^{N_g} j \sum_{i=1}^{N_g} f(i,j \mid d,\Theta)$$

$$\sigma_x = \sum_{i=1}^{N_g} (i - \mu_x)^2 \sum_{j=1}^{N_g} f(i,j \mid d,\Theta)$$

$$\sigma_y = \sum_{j=1}^{N_g} (j - \mu_y)^2 \sum_{i=1}^{N_g} f(i,j \mid d,\Theta)$$

D'autres attributs peuvent encore être extraits des matrices des fréquences relatives et, sans prétendre dresser une liste exhaustive, on peut citer *l'entropie* :

$$x_4(d\,, \Theta) = \sum_{i=1}^{N_g} \sum_{j=1}^{N_g} f(i,j \mid d,\Theta) \, \log f(i,j \mid d,\Theta)$$

et *l'inertie* :

$$x_5\,(d,\Theta) = \sum_{i=1}^{N_g} \sum_{j=1}^{N_g} (i-j)^2 \, f(i,j \mid d,\Theta)$$

run length = defined in the conventional manner as the number of conventional pixels of same graylevel lying in a direction

VIII.2.3. Longueur de lignes à niveau de gris constant

On peut explorer une texture en recherchant, dans une direction donnée, les lignes de points-image connexes et de même niveau de gris /8/. Ces lignes sont caractérisées par leur niveau de gris g (ou une fourchette de niveaux de gris), leur longueur l et leur direction Θ . (On n'utilise en général que les quatre directions définies au

Galloway -

paragraphe précédent, à savoir $\Theta=0$, $\Theta=\Pi/4$, $\Theta=\Pi/2$ et $\Theta=3\Pi/4$).

Soit $f(i,j|\Theta)$ le nombre de lignes de longueur l_j et de niveau de gris g_i dans la direction Θ découvertes dans l'image. Soit N_g le nombre de niveaux de gris (ou de plages de niveaux de gris) définis sur l'image et soit N_l le nombre de longueurs (ou plages de longueurs) rencontrées parmi toutes les lignes de l'image. A partir de ces données, on définit les attributs suivants :

$$x_1(\Theta) = \sum_{i=1}^{N_g} \sum_{j=1}^{N_l} \frac{f(i,j \mid \Theta)}{j^2} \Big/ D$$

$$x_2(\Theta) = \sum_{i=1}^{N_g} \sum_{j=1}^{N_l} j^2 \; f(i,j \mid \Theta) \Big/ D$$

$$x_3(\Theta) = \sum_{i=1}^{N_g} \left[\sum_{j=1}^{N_l} f(i,j \mid \Theta) \right]^2 \Big/ D$$

$$x_4(\Theta) = \sum_{j=1}^{N_l} \left[\sum_{i=1}^{N_g} f(i,j \mid \Theta) \right]^2 \Big/ D$$

avec :

$$D = \sum_{i=1}^{N_g} \sum_{j=1}^{N_l} f(i,j \mid \Theta)$$

De fortes valeurs de l'attribut $x_1(\Theta)$ indiquent la présence de lignes courtes dans la direction Θ alors que l'attribut $x_2(\Theta)$ est sensible à la présence de lignes longues. L'attribut $x_3(\Theta)$ est représentatif de l'uniformité des niveaux de gris parmi toutes les lignes découvertes alors que $x_4(\Theta)$ rend compte de l'uniformité des longueurs de lignes découvertes, quels que soient leurs niveaux de gris.

VIII.2.4. Modèles auto-regressifs

On peut caractériser la dépendance entre les niveaux de gris d'une texture par un *modèle auto-regressif* en considérant l'image comme une séquence temporelle de niveaux de gris dont la valeur à tout instant dépend des valeurs précédemment rencontrées au cours d'un balayage ligne par ligne. Un tel modèle permet de prévoir la valeur du niveau de gris d'un point $A(k,l)$ en fonction des niveaux de gris de ses voisins rencontrés au cours du balayage avant d'atteindre ce point /9/.

Supposons que l'on définisse un $(2d+1)$-voisinage. La figure VIII.4. indique clairement quels sont les points du voisinage $V(d)$ rencontrés au cours du balayage avant d'atteindre $A(k,l)$. Nous nous proposons de calculer un estimateur $\hat{g}(k,l)$ de la valeur du niveau de gris $g(k,l)$ en $A(k,l)$ à partir des valeurs des niveaux de gris de tous les points du voisinage $V(d)$ de $A(k,l)$ rencontrés avant d'atteindre $A(k,l)$. D'une manière plus formelle, ces points peuvent être notés $A(k+i, l+j)$ avec :

$$\begin{cases} -d \leqslant i \leqslant +d \\ -d \leqslant j < 0 \end{cases}$$

et :

$$\begin{cases} -d \leqslant i < 0 \\ j = 0 \end{cases}$$

L'ensemble des couples de valeurs de i et j qui satisfont aux inégalités ci-dessus est noté $V^*(d)$. Dans ces conditions, l'estimateur de $g(k,l)$ prend la forme :

$$\hat{g}(k,l) = \sum_{(i,j)\, \in\, V^*(d)} \alpha(i,j)\, g(k+i, l+j) + \sum_{(i,j)\, \in\, V^*(d)} \beta(i,j) \left[g(k+i, l+j) - \hat{g}(k+i, l+j) \right]$$

Ce modèle montre comment le niveau de gris au point A(k,l) peut être estimé à partir des niveaux de gris des points situés dans le voisinage V*(d) et des différences entre les estimations et les valeurs réelles de ces niveau de gris.

Les 4d(d+1) coefficients $\alpha(i,j)$ et $\beta(i,j)$ associés à toutes les positions dans le voisinage de A(k,l) prises en compte par le processus auto-regressif sont caractéristiques de la texture modélisée. Ils peuvent être obtenus par un schéma itératif qui tend à minimiser l'erreur entre l'estimation et la valeur réelle du niveau de gris en scrutant point par point la texture et en modifiant les valeurs des coefficients en fonction de l'écart entre $\hat{g}(k,l)$ et g(k,l) .

En balayant séquentiellement une texture régulière, les coefficients α et β convergent vers des valeurs stables qui ne dépendent plus de k et de l . Ces valeurs limites constituent des attributs qui peuvent être utilisés pour reconnaître cette texture.

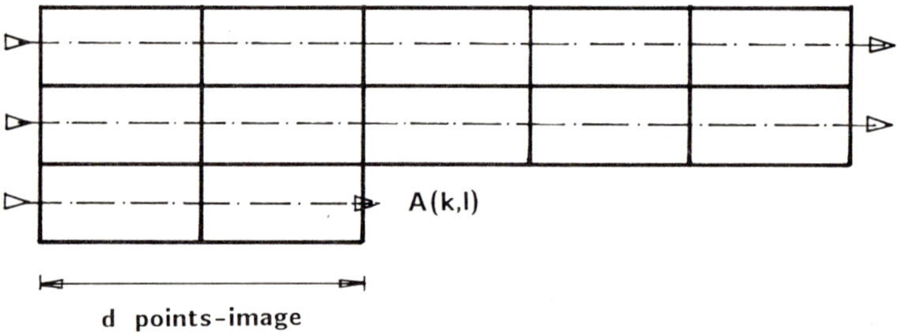

Figure VIII.4. : Voisinage de A(k,l) défini par V*(d) pour d=2

VIII.2.5. Histogrammes des différences d'images

Une autre solution pour obtenir des informations sur l'arrangement spatial des niveaux de gris dans une texture consiste à analyser la différence entre l'image originale de cette texture et une copie de cette image translatée /10/.

Soit $\delta = (\Delta x, \Delta y)$ un déplacement pour lequel on définit la fonction différence d'images :

$$g_\delta\ (x,y) = g(x,y) - g(x+\Delta x,\ y+\Delta y)$$

Soit H_δ l'histogramme des niveaux de gris de la différence d'images. Lorsque la texture est composée d'éléments de taille relativement importante par rapport à δ , les plus grandes valeurs de l'histogramme H_δ sont concentrées dans le noir car des couples de points-image séparés de la distance δ présentent en général peu de différences de niveaux de gris.

Par contre, lorsque δ est grand par rapport à la taille des éléments qui composent la texture, les couples de points séparés de la distance δ présentent des différences de niveaux de gris très variables et l'histogramme H_δ est beaucoup plus étalé entre le noir et le blanc.

Un histogramme H_δ concentré vers le noir révèle donc une structure grossière par rapport à la valeur de δ , alors qu'un histogramme plus étalé indique la présence d'une texture fine dans l'image.

Les histogrammes des différences d'images sont fonction de l'amplitude

$$d = \sqrt{\Delta x^2 + \Delta y^2}$$

et de l'orientation

$$\Theta = \text{arc tg}\ \Delta y / \Delta x$$

de la translation $\delta = (\Delta x, \Delta y)$

Soit :

$$H(d,\Theta) = \left\{ h(g_i) \right\},\quad i = 1, ..., N_g$$

l'histogramme de la différence des images translatées d'une distance d dans la direction Θ et codées sur N_g niveaux de gris g_i , $i = 1, ..., N_g$. Plusieurs attributs peuvent être utilisés pour caractériser l'histogramme $H(d,\Theta)$, tels que la *moyenne* :

$$x_1(d,\Theta) = 1/N_g \sum_{i=1}^{N_g} i\ h(g_i)$$

le moment d'ordre deux :

$$x_2(d,\Theta) = 1/N_g \sum_{i=1}^{N_g} i^2\ h(g_i)$$

ou *l'entropie* :

$$x_3(d,\Theta) = - 1/N_g \sum_{i=1}^{N_g} h(g_i) \log g_i$$

Les différentes techniques d'extraction d'attributs de texture présentées dans ce paragraphe ne s'appliquent qu'à la description de toute une image ou d'une partie d'une image bien définie a priori. Certains de ces attributs sont sensibles à des décalages de l'échelle des niveaux de gris, comme ceux extraits des matrices de fréquences relatives, d'autres sont sensibles à des dilatations ou contractions de cette échelle, comme ceux extraits des histogrammes des différences d'images. Des prétraitements simples, tels que des normalisations de la répartition des niveaux de gris dans l'image, peuvent être nécessaires pour assurer le succès des opérations de classement qui doivent permettre finalement de reconnaître la texture analysée.

VIII.3. SEGMENTATION PAR ANALYSE DE TEXTURE

Bien que la plupart des attributs de texture présentés jusqu'ici ne fassent appel qu'à des propriétés de structure locale, leur utilisation ne peut être envisagée que si l'on dispose de régions de texture uniforme de taille relativement importante. En fait, les techniques de description du paragraphe précédent supposent presque toutes implicitement qu'une texture peut être assimilée à un processus stochastique bidimensionnel possédant les propriétés classiques de stationnarité et d'ergodicité. Une image n'est alors qu'une réalisation particulière de ce processus et, si elle n'est pas de dimension infinie, elle doit tout au moins être de dimension importante pour que l'horizon sur lequel sont calculés les attributs soit suffisamment grand.

Il est évident qu'une telle approche ne permet pas de *segmenter* une image au sens où nous l'entendons, c'est-à-dire de regrouper les points qui la constituent en autant de classes distinctes qu'il y a de textures différentes dans l'image.

VIII.3.1. Variation totale des niveaux de gris

Une approche efficace pour caractériser chaque point-image d'une texture consiste à calculer la *variation totale* des niveaux de gris dans le voisinage de chaque point. Sur un 8-voisinage de $A(k,l)$, cette grandeur est définie à partir d'une *variation horizontale* $V_h(k,l)$ et d'une *variation verticale* $V_v(k,l)$ données par :

$$\begin{aligned} V_h(k,l) = & \left|g(k-1,\ l+1) - g(k,l+1)\right| + \left|g(k,l+1) - g(k+1,l+1)\right| \\ & + \left|g(k-1,l) - g(k,l)\right| + \left|g(k,l) - g(k+1,l)\right| \\ & + \left|g(k-1,l-1) - g(k,l-1)\right| + \left|g(k,l-1) - g(k+1,l-1)\right| \end{aligned}$$

et :

$$\begin{aligned} V_v(k,l) = & \left|g(k-1,l+1) - g(k-1,l)\right| + \left|g(k-1,l) - g(k-1,l-1)\right| \\ & + \left|g(k,l+1) - g(k,l)\right| + \left|g(k,l) - g(k,l-1)\right| \\ & + \left|g(k+1,l+1) - g(k+1,l)\right| + \left|g(k+1,l) - g(k+1,l-1)\right| \end{aligned}$$

Ces variations horizontales et verticales reflètent l'importance des fluctuations des niveaux de gris dans le voisinage immédiat du point $A(k,l)$. Elles peuvent ainsi servir à caractériser une texture. Il faut toutefois remarquer qu'à proximité d'un contour de l'image, l'une au moins de ces variations partielles à tendance à prendre de grandes valeurs. Dans le voisinage d'un contour orienté verticalement, V_h est beaucoup plus important que V_v alors qu'un contour orienté dans la direction horizontale favorise V_v. Afin d'obtenir un attribut qui prenne des valeurs au moins aussi élevées à l'intérieur des régions à texture marquée que sur les contours de l'image, on utilise la *variation totale minimale* $V_{tm}(k,l)$ définie par :

$$V_{tm}(k,l) = \min\left[V_h(k,l)\ ;\ V_v(k,l)\right]$$

L'expérience montre que cet attribut local de texture présente en général une forte variabilité à l'intérieur des régions de texture marquée. Pour améliorer les procédures de segmentation, on a souvent intérêt à prendre une version lissée de cet attribut /11/ :

$$\overline{V_{tm}}\,(k,l) = 1/(2d+1)^2 \sum_{(i,j)\,\in\, V(d)} V_{tm}(k+i,l+j)$$

VIII.3.2. Attributs statistiques locaux

La texture d'une image dans le voisinage immédiat d'un point A(k,l) peut être caractérisée par une description statistique de la distribution des niveaux de gris dans ce voisinage /12/.

\ UNSER , de COULON

On peut aisément calculer la *moyenne* :

$$\overline{g}(k,l) = 1/(2d+1)^2 \sum_{(i,j) \in V(d)} g(k+i,l+j)$$

et la *variance* :

$$v_g(k,l) = 1/(2d+1)^2 \sum_{(i,j) \in V(d)} \left[g(k+i,l+j) - \overline{g}(k,l)\right]^2$$

des niveaux de gris dans un (2d+1)-voisinage de $A(k,l)$.

La variance $v_g(k,l)$ semble être une mesure naturelle du degré de variation des niveaux de gris autour de $A(k,l)$.

L'expérience montre cependant que cet attribut prend des valeurs plus élevées au voisinage des transitions entre les régions qu'à l'intérieur des régions texturées elles-mêmes. Les moments d'ordre deux, ou coefficients de corrélation :

$$\rho(k,l) = 1/(2d+1)^2 \sum_{(i,j) \in V(d)} G(i,j)$$

avec :

$$G(i,j) = \frac{\left[g(k+i,l+j)-\overline{g}(k,l)\right]\left[g(k+i+\Delta i,l+j+\Delta j) - \overline{g}(k,l)\right]}{v_g(k,l)}$$

pour différents couples $(\Delta i,\Delta j)$ de valeurs entières constituent des attributs plus performants. En pratique, les niveaux de gris entre des points-image $A(k+i, l+j)$ et $A(k+i+\Delta i,l+j+\Delta j)$ trop éloignés ne sont plus correlés. Pour de grandes valeurs de Δi et Δj , les coefficients de corrélation $\rho(k,l)$ se rapprochent des valeurs des coefficients de corrélation existant entre les niveaux de gris de deux points arbitraitement choisis dans l'image. Les attributs les plus significatifs sont généralement les coefficients de corrélation calculés pour $\Delta i \in [-2, +2]$ et $\Delta j \in [-2, +2]$.

VIII.4. CONCLUSION

La segmentation est sans aucun doute la phase la plus délicate d'une procédure d'analyse d'image. En effet, tout le processus de reconnaissance qui permet ensuite d'interpréter le contenu de l'image segmentée repose sur la qualité des résultats obtenus à l'issue de cette phase fondamentale.

Nous n'avons présenté que des techniques de segmentation basées sur des procédures de classement ou de classification de points-image, c'est-à-dire, dans l'optique de cet ouvrage, des techniques fondées sur une approche statistique permettant d'exploiter la théorie de la décision.

C'est dans le même esprit que nous abordons maintenant la seconde phase de l'analyse des images numériques, qui consiste à interpréter les régions mises en évidence au cours du processus de segmentation pour finalement reconnaître les éléments constitutifs de la scène analysée.

BIBLIOGRAPHIE

/1/ CARLUCCI, L.A.
A formal system for texture language
Pattern Recognition, Vol. 4, n 1, pp 53-72, 1972

/2/ TOMITA, F. ; SHIRAI, Y. and TSUJI, S.
Description of textures by a structural analysis
Proc. 6th Int. Joint Conf. on Artificial Intelligence
Tokyo, Japan, pp 884-889, 1979

/3/ GOODMAN, J.W.
Introduction to Fourrier Optics
Mc Graw-Hill, New-York, 1968

/4/ Fast Fourier Transforms
IEEE Trans. on Audio Electroacoustics - Special issue,
Vol. A.E.-17, 1969

/5/ LAWS, K.I.
Textured image segmentation
Ph.D., Dpt of E.E., Univ. of Southern California, 1980

/6/ HARALICK, R.M. ; SHANMUGAN, K. and DINSTEIN, I.
Textural features for image classification
IEEE Trans. on Syst., Man, Cybern., Vol. SMC-3, pp 610-621, 1973

/7/ HARALICK, R.M.
Statistical and structural approaches to texture
Proc. of the IEEE, Vol. 62, n 5, pp 786-804, 1979

/8/ GALLOWAY, M.M.
Texture analysis using gray level run lengths
Computer Graphics and Image Processing, Vol. 4, pp 172-199, ~~1974~~ 1975

/9/ MCCORMICK, B.H. and JAYARAMAMURTHY, S.N.
Time series model for texture synthesis
Int. J. Comput. Inf. Sci., Vol. 3, n 4, pp 329-343, 1974

/10/ WESZKA, J.S., DYER, C.R. and ROSENFELD, A.
A comparative study of texture measures for terrain classification
IEEE Trans on Syst., Man. and Cybern., Vol. SMC-6, n 4, pp 269-285, 1976

/11/ WESZKA, J.S. and ROSENFELD, A.
Threshold evaluation techniques
IEEE Trans. Syst., Man, and Cybern., Vol. SMC-8, pp 622-629, 1978

/12/ UNSER, M. and DE COULON, F
Detection of defects by texture monitoring in automatic visual inspection
2nd Int. Conf. on Robot Vision and Sensory Control
Stuttgart, Germany, pp 27-38, 1982

9

Analyse morphologique et reconnaissance des formes

IX.1. LA RECONNAISSANCE DES FORMES

Dans ce chapitre, on considère la dernière phase des procédures d'analyse des images : la *reconnaissance des formes*, c'est-à-dire le processus décisionnel qui consiste à identifier les éléments d'une scène à partir de leurs images et qui permet le passage de la *perception* des objets à leur *reconnaissance*.

Les techniques de segmentation exposées dans les deux chapitres précédents fournissent une description des images en termes de *régions*, définies soit par des ensembles de points connexes constituant une surface de l'image, soit par le contour externe de cette surface.

Le problème clé pour pousser plus avant l'interprétation du contenu d'une image demeure dans le choix d'une description des régions mises en évidence par segmentation. La définition la plus complète et la plus précise d'une région est certainement faite de la liste des coordonnées et des niveaux de gris des points-image qui la constituent. Toutefois, le but d'une procédure d'analyse d'image est de fournir des descriptions plus facilement utilisables, c'est-à-dire plus synthétiques et plus conceptuelles que des énumérations systématiques de points. A ce stade, le problème de l'analyse des images se trouve posé en termes de reconnaissance des formes et peut être abordé par une approche statistique entrant dans le cadre de la théorie de la décision. Il s'agit alors de déterminer des attributs caractérisant les régions issues de la segmentation pour les reconnaître comme éléments de classes aisément identifiables. Comme pour tous les problèmes de classement et de classification, le choix de ces attributs est de la toute première importance car il conditionne le succès de ces techniques d'analyse des images.

Ce chapitre présente des méthodes générales d'analyse morphologique des régions qui peuvent être adaptées à chaque problème particulier. Nous ne reviendrons pas sur les méthodes de classement et de classification, renvoyant le lecteur aux chapitres IV, V et VI où elles sont exposées en détail.

IX.2. UN EXEMPLE : LE TRI D'OBJETS AUTOMATIQUE

Afin de préciser les éléments fondamentaux des procédures statistiques de reconnaissance des formes, considérons l'exemple simple d'un système de tri automatique utilisé pour la sélection de graines de semence. Pour simplifier l'exposé, prenons le cas hypothétique d'un lot de semences constitué de deux variétés d'une même céréale : la variété A et la variété B (cf. figure IX.4). Il s'agit de séparer ces deux variétés pour améliorer la sélection des semences. Une telle opération peut être confiée à une machine automatique dont le schéma de principe est indiqué sur la figure IX.2. Le lot traité est sérialisé de telle sorte que les graines défilent une à une dans le champ d'une caméra. Leurs images sont alors analysées et le système reconnaît les graines de type A et celles de type B sur des critères morphologiques. Selon la variété reconnue par la machine, la graine est dirigée vers le récipient correspondant.

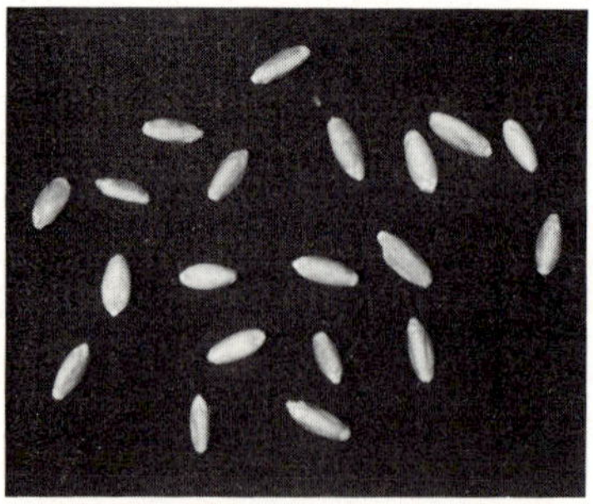

variété A

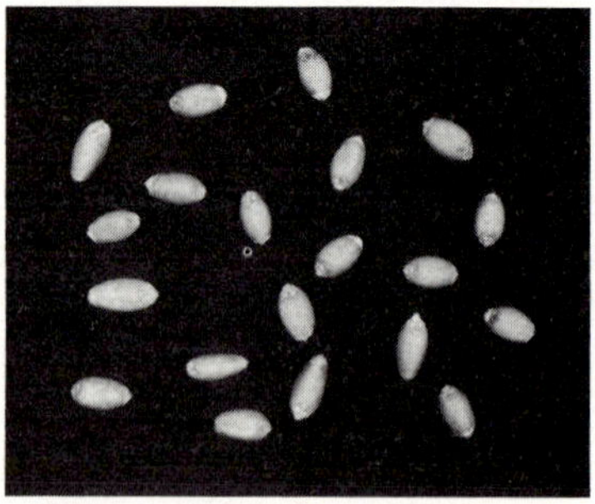

variété B

Figure IX.1. : Quelques graines de la variété A et de la variété B .

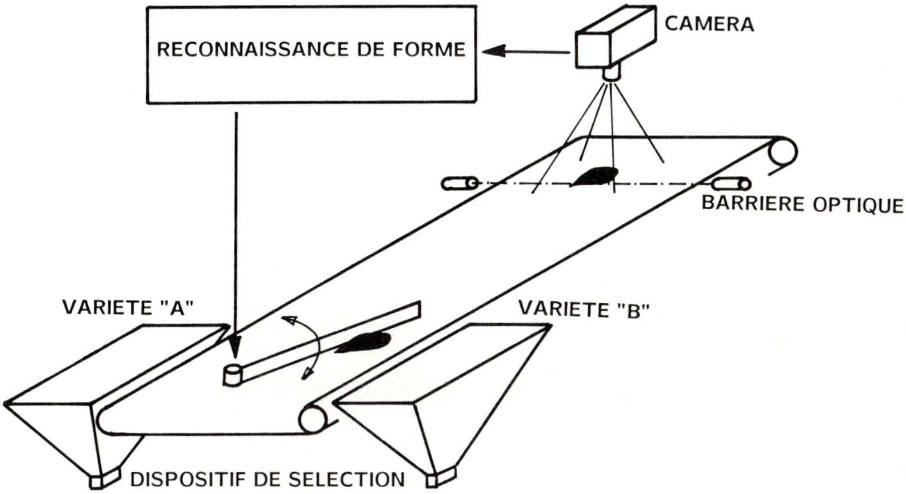

Figure IX.2. : Schéma de principe d'un dispositif de tri automatique de semences.

Dans cet exemple, le problème qui nous préoccupe est le classement d'une graine, dont on ne connaît que la silhouette, dans la catégorie A ou la catégorie B . Sachant que les graines de type A sont en général plus petites que celles de type B , une procédure de reconnaissance simple consisterait à utiliser la *surface* de la silhouette des graines pour les classer dans leurs catégories respectives. Cependant, l'analyse statistique des surfaces des graines d'un échantillon de référence, constitué de prototype des deux variétés, montre que l'attribut *surface* ne permet pas une bonne discrimination. En effet, l'histogramme de cet attribut indique un chevauchement important des distributions des surfaces de chaque variété (cf. Figure IX.3.).

Pour améliorer les performances de la procédure de reconnaissance, on est amené à considérer un attribut morphologique supplémentaire : la *compacité* de la silhouette des graines, qui est proportionnelle au rapport :

$$c = s/p^2$$

entre la surface s de la région représentant la graine et le carré de son périmètre p . La figure géomètrique la plus compacte est le cercle. Une ellipse est d'autant moins compacte qu'elle est allongée. L'histogramme de la distribution de ce nouvel attribut calculé sur l'échantillon de référence montre que son pouvoir discriminant n'est pas suffisant pour distinguer les deux variétés avec un taux d'erreur satisfaisant. (cf. Figure IX.4.)

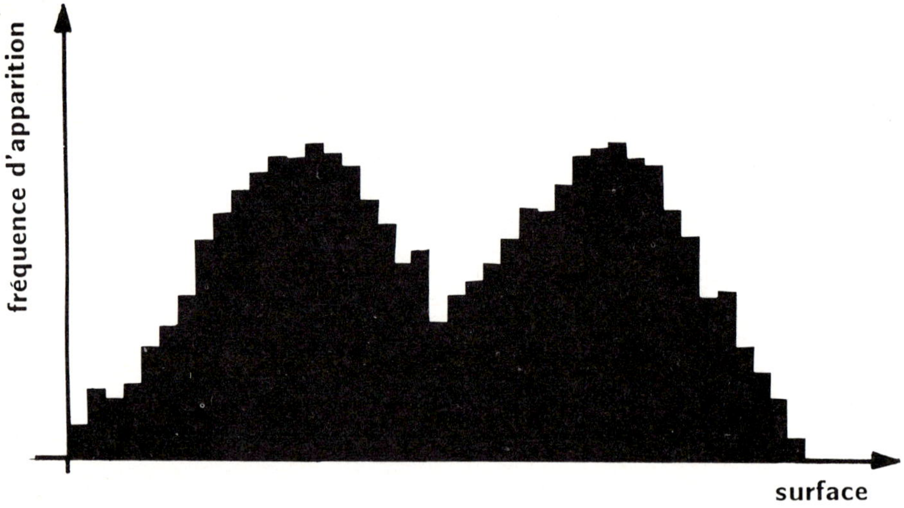

Figure IX.3. : Histogramme des surfaces des graines d'un échantillon de référence des semences de la figure IX.1.

Figure IX.4. : Histogramme des compacités d'un échantillon de référence des semences de la figure IX.1.

Par contre, si on associe à chaque graine une observation bidimensionnelle constituée des deux attributs s et c , la distribution des observations dans l'espace bidimensionnel des attributs montre que les classes A et B sont très nettement séparées de telle sorte que les fonctions de décision classiques permettent d'atteindre un très faible taux d'erreur. (cf. Figure IX.5.)

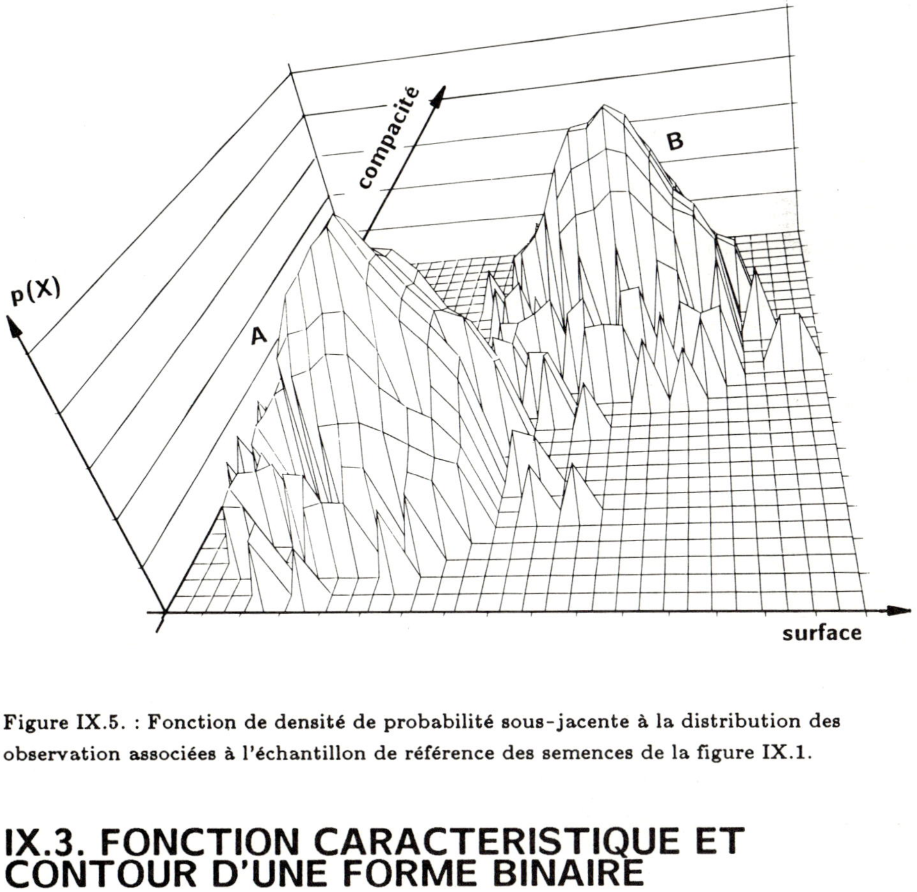

Figure IX.5. : Fonction de densité de probabilité sous-jacente à la distribution des observation associées à l'échantillon de référence des semences de la figure IX.1.

IX.3. FONCTION CARACTERISTIQUE ET CONTOUR D'UNE FORME BINAIRE

Supposons qu'une procédure de segmentation ait permis d'identifier sur une image un ensemble R de points-image connexes constituant une région. On appelle *fonction caractéristique* de cette région, une fonction $f_R(k,l)$ égale à l'unité pour tous les points A(k,l) de R et nulle en dehors.

Si la région a été identifiée par reconstitution de son contour fermé C , cette fonction caractéristique peut être obtenue par une *procédure de remplissage.* La bonne exécution de cette opération implique que l'on sache si on se trouve à l'intérieur ou à l'extérieur de la région. On peut travailler par balayage horizontal ligne par ligne, avec contrôle de la parité du nombre de points de contour rencontrés sur chaque ligne /1, 2/ (cf. Figure IX.6.). Pour des formes plus complexes, il faut tenir compte des sommets, des portions de contour horizontales, des points doubles, etc... Les techniques de remplissage avec suivi de contour permettent de différencier les frontières gauches des frontières droites et donnent en général de meilleurs résultats /3, 4/.

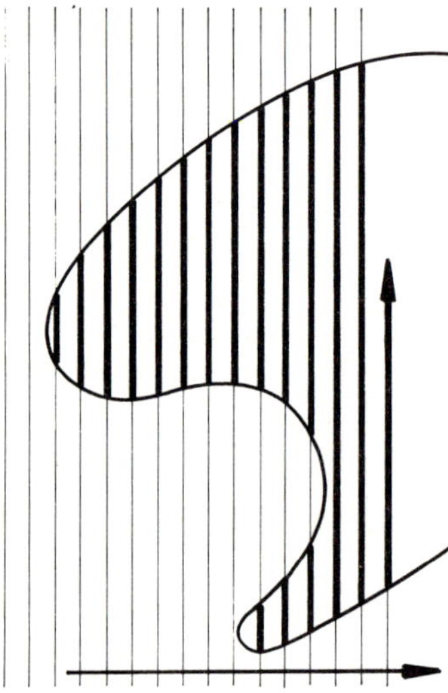

Figure IX.6. : Principe du remplissage d'un contour fermé par balayage horizontal et contrôle de parité.

Inversement, si la région est définie par sa fonction caractéristique, c'est-à-dire par un ensemble de points connexes de niveau 1, la frontière C de cette région peut être obtenue par une procédure de *suivi de contour* dont le principe est indiqué ci-dessous /5/ :

1) Explorer l'image ligne par ligne jusqu'à rencontrer le point le plus haut de la région R.

2) Si on se trouve en un point situé à l'intérieur de la région ($f_R(k,l) = 1$) , tourner à droite et avancer d'un pas dans cette direction.

3) Si on se trouve en un point situé à l'extérieur de la région ($f_R(k,l) = 0$) , tourner à gauche et avancer d'un pas dans cette direction.

4) Arrêter la procédure lorsqu'on revient au point de départ.

La figure IX.7. illustre cette procédure simple de suivi de contour.

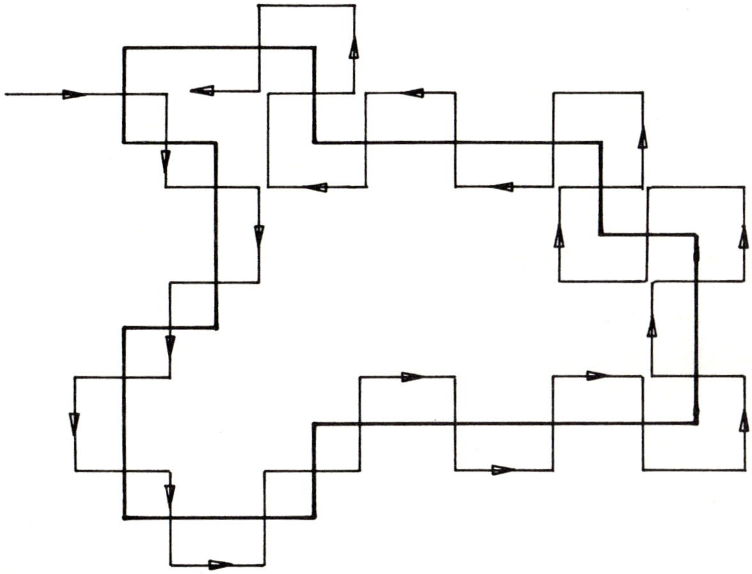

Figure IX.7. : Principe d'une procédure de suivi de contour dans une image binaire.

Le contour fermé d'une région peut ainsi être défini par une séquence de déplacements qui se prête à un codage simple par *chaîne numérique*. A cette fin, on peut numéroter les 8 voisins d'un point-image par les nombres $\Theta/(\Pi/4)$, où Θ représente la direction du voisin considéré par rapport à l'axe horizontal. On utilise également des codages par numérotation des 4 voisins horizontaux et verticaux. On obtient ainsi les deux schémas de codage ci-dessous /6/ :

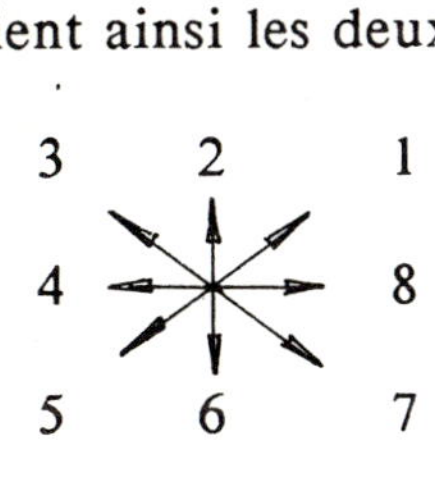

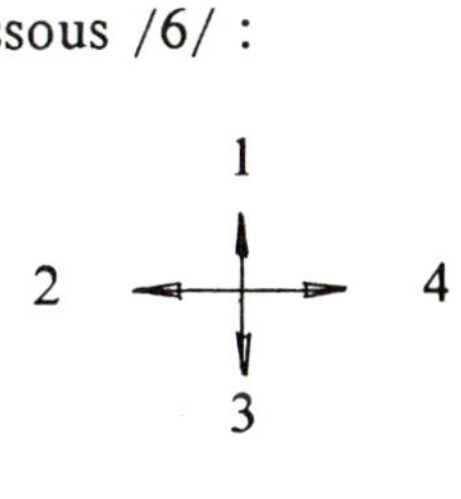

Grâce au codage sur 4 voisins, le contour de la figure IX.7. peut être représenté par la chaîne numérique :

(4,3,4,3,2,3,2,3,4,3,4,1,4,1,4,3,4,1,4,3,4,1,2,1,4,1,2,3,2,1,4,1,2,3,2,1,2,3,2,1,4,1,2,3,2)

Ce codage permet de calculer aisément la surface de la région R située à l'intérieur du contour C . Par exemple, avec un codage défini par quatre directions, la surface s de R s'obtient en suivant la chaîne numérique $(a_1, a_2, ..., a_i, ..., a_I)$ définissant C selon le schéma suivant /5/ :

1) Départ : s = 0   y = 0

2) Pour i = 1, 2, ..., I

a) si $a_i = 1$ $y = y+1$ sinon aller en b)

b) si $a_i = 2$ $s = s+y$ sinon aller en c)

c) si $a_i = 3$ $y = y-1$ sinon aller en d)

d) si $a_i = 4$ $s = s-y$

IX.4. ATTRIBUTS MORPHOLOGIQUES METRIQUES

IX.4.1. Surface et périmètre

La *surface* s et le *périmètre* p sont certainement les attributs métriques les plus simples pour caractériser la forme d'une région R. Comme nous venons de le voir, ils peuvent être très facilement calculés à partir de la fonction caractéristique ou du contour de la région considérée.

Pour une forme donnée, leur valeur dépend cependant de l'échelle de la représentation, c'est-à-dire de la distance focale de l'objectif et de la distance entre l'objet et la caméra. Pour cette raison, on préfère employer des attributs sans dimension, invariants par translation, rotation ou homothétie.

IX.4.2. Compacité

La *compacité*, définie à partir de la surface s et du périmètre p par :

$$c = 4\pi s/p^2$$

est certainement le plus utilisé de ces attributs morphologiques. Un théorème bien connu indique que c prend sa valeur maximale 1 pour le cercle. Parmi tous les types de triangles, le triangle équilatéral présente la plus grande compacité: $c = \Pi \sqrt{3} /9$ et, de tous les quadrilatères , c'est le carré avec $c = \Pi/4$ qui est le plus compacte. L'attribut c , qui varie de la valeur 1 pour le cercle à la valeur limite O pour le segment de droite, permet de situer la forme d'une région entre ces deux extrêmes (cf. Figure IX.8).

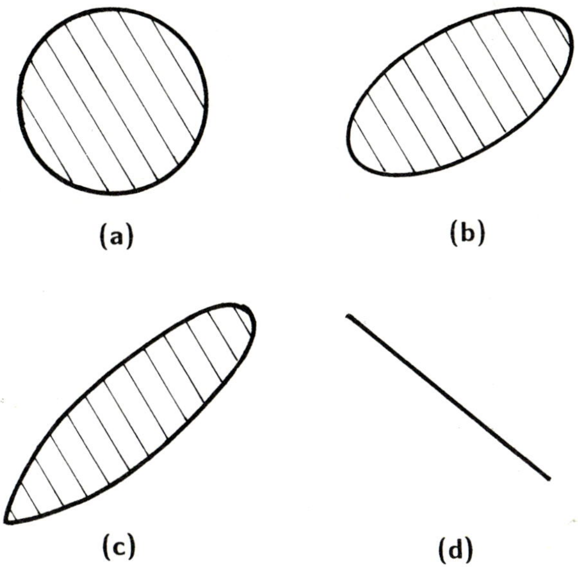

Figure IX.8. : Quatre formes dont la compacité décroit de 1 (a) à 0 (d).

IX.4.3. Elongation

L'élongation fournit un autre attribut morphologique pour apprécier la forme globale d'une région. Pour un rectangle, l'élongation e est le rapport

$$e = L/l$$

entre la longueur L et la largeur l.

Pour étendre ce concept à des régions de forme quelconque, on détermine un rectangle exinscrit à ces régions et on assimile l'élongation e des rectangles ainsi obtenus à l'élongation des régions elles-mêmes. La procédure la plus simple consiste à déterminer le rectangle exinscrit dont les côtés sont parallèles aux axes de coordonnées du plan image. Cependant, la figure IX.9. montre comment cette technique peut conduire à des situations où une figure allongée présente un coefficient d'élongation voisin de l'unité .

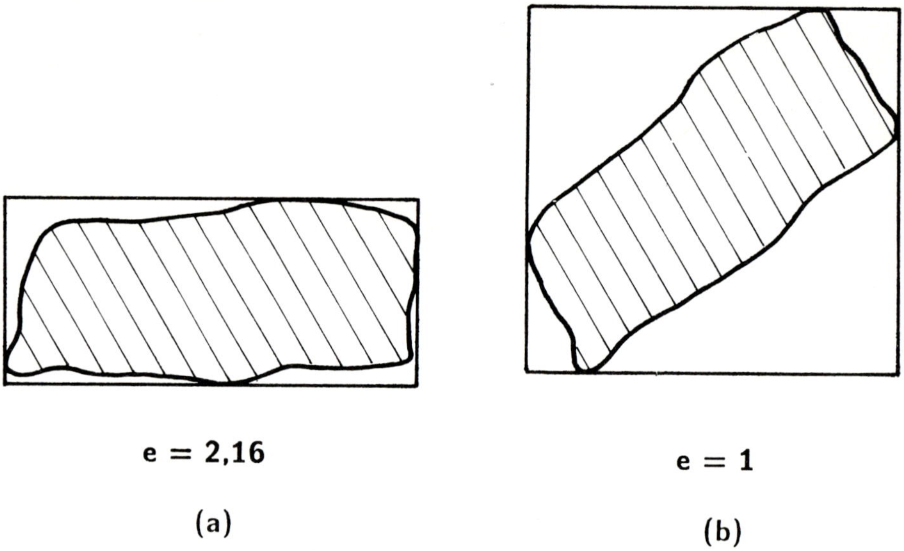

Figure IX.9. : Détermination de l'élongation d'une forme. La différence d'élongation entre le cas (a) et le cas (b) résulte uniquement de la rotation de la forme considérée.

Il est préférable, pour éviter cet inconvénient, de prendre un rectangle exinscrit dont les côtés sont parallèles aux vecteurs propres de la matrice centrale d'inertie I de la région R définie par :

$$I = \begin{bmatrix} \iint_R (x-\bar{x})^2 \, dx\, dy & \iint_R (x-\bar{x})\,(y-\bar{y})\, dx\, dy \\ \iint_R (x-\bar{x}\ )\,(y-\bar{y})\, dx\, dy & \iint_R (y-\bar{y})^2 \, dx\, dy \end{bmatrix}$$

où :

$$\bar{x} = \int_R x\, dx \quad ; \quad \bar{y} = \int_R y\, dy$$

Les vecteurs propres de la matrice I correspondent aux directions des axes principaux d'inertie suivant lesquels la région présente le plus fort et le plus faible moment d'inertie (cf. figure IX.10.).

On utilise parfois, pour quantifier l'allongement d'une figure, le rapport entre ces deux moments principaux d'inertie.

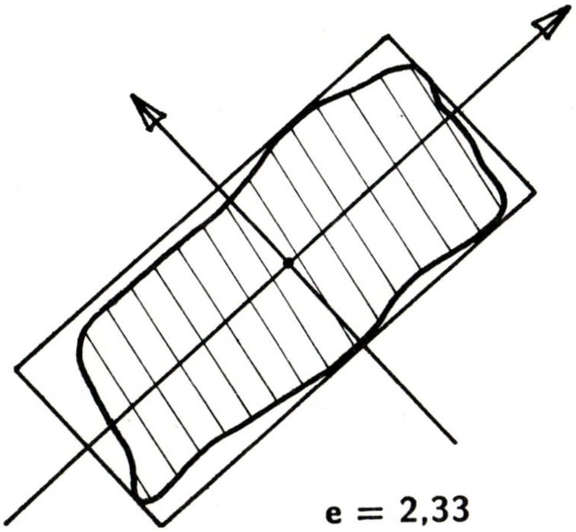

Figure IX.10. : Rectangle exinscrit dont les côtés sont parallèles aux vecteurs propres de la matrice centrale d'inertie de la région analysée.

IX.5. MOMENTS DES FONCTIONS CARACTERISTIQUES

Le moment $m_{p,q}$ d'ordre (p,q) d'une fonction f (x,y) est défini par :

$$m_{p,q} = \int_{-\infty}^{+\infty}\int_{-\infty}^{+\infty} x^p \, y^q \, f(x,y) \, dx \, dy \quad , p, q = 0,1,2,...$$

Le calcul du moment d'ordre 0 : $m_{0,0}$ et des moments d'ordre 1 : $m_{1,0}$ et $m_{0,1}$ permet de déterminer les moments centraux définis par :

$$\mu_{p,q} = \int_{-\infty}^{+\infty}\int_{-\infty}^{+\infty} (x - \frac{m_{1,o}}{m_{o,o}})^p \, (y - \frac{m_{o,1}}{m_{o,o}})^q \, f(x,y) \, dx \, dy$$

La fonction f(x,y) peut être la fonction caractéristique de la région considérée qui, sous sa forme continue est une fonction $\underline{f}_R(x,y)$ égale à l'unité en tout point intérieur à la région R et nulle à l'extérieur :

$$\underline{f}_R(x,y) = 1 \quad \text{si} \quad A(x,y) \in R$$

$$\underline{f}_R(x,y) = 0 \quad \text{si} \quad A(x,y) \notin R$$

Les moments de cette fonction peuvent être interprétés comme les moments d'inertie de la région assimilée à un solide plan de densité de masse constante sur toute sa surface et unitaire. Pour une image numérique, cela revient à assimiler la région à un ensemble de points de masses ponctuelles unitaires.

Mais on peut également calculer les moments de la *fonction image caractéristique*, c'est-à-dire de la fonction $g_R(x,y)$ égale la fonction image $g(x,y)$ à l'intérieur de la région R et nulle à l'extérieur de celle-ci :

$$g_R(x,y) = g(x,y) \qquad \text{si } A(x,y) \in R$$

$$g_R(x,y) = 0 \qquad \text{si } A(x,y) \notin R$$

Dans ce cas, on peut également donner une interprétation physique aux moments en assimilant le niveau de gris $g(x,y)$ en chaque point $A(x,y)$ de la région R à une densité de masse. Pour une image numérique, cela revient à assimiler la région à un ensemble de points de masse $g(k,l)$. Dans ces conditions, $m_{0,0}$ n'est autre que la masse totale de la région R dont les moments d'inertie par rapport aux axes du plan image sont $m_{0,2}$ et $m_{2,0}$.

Le moment d'inertie de la région autour de l'origine du plan image est :

$$m_0 = \int_{-\infty}^{+\infty} \int_{-\infty}^{+\infty} (x^2 + y^2)\, g_R(x,y)\, dx\, dy = m_{2,0} + m_{0,2}$$

Les moments de la fonction image caractéristique permettent de déterminer des attributs représentatifs de la forme de la région et de la répartition des niveaux de gris à l'intérieur de celle-ci. Afin d'obtenir une description insensible aux translations, on préfère utiliser les moments centraux que l'on normalise par rapport au moment d'inertie autour du centre de gravité de la région /7,8/.

IX.6. PROPRIETES STATISTIQUES DE LA FONCTION IMAGE CARACTERISTIQUE

Les paramètres statistiques de la distribution des niveaux de gris à l'intérieur d'une région constituent une classe d'attributs non spécifiquement morphologiques mais qui apportent des compléments d'information souvent indispensables à une bonne caractérisation des régions analysées.

La *moyenne* :

$$m(R) = \frac{\int_{-\infty}^{+\infty} \int_{-\infty}^{+\infty} \underline{g}_R(x,y)\, dx,dy}{\int_{-\infty}^{+\infty} \int_{-\infty}^{+\infty} \underline{f}_R(x,y)\, dx\, dy}$$

et la *variance* :

$$v(R) = \frac{\int_{-\infty}^{+\infty} \int_{-\infty}^{+\infty} \left[\underline{g}_R(x,y) - m(R)\right]^2 dx\, dy}{\left[\int_{-\infty}^{+\infty} \int_{-\infty}^{+\infty} \underline{f}_R(x,y)\, dx\, dy\right]^2}$$

constituent deux attributs facilement calculables à partir de la description point par point de la région R .

D'autre part, dans le cadre de l'analyse des textures, nous avons présenté différentes techniques pour caractériser les régions. Les attributs résultant d'une analyse énergétique, de l'étude des matrices des fréquences relatives, de la détermination des lignes à niveau de gris constant, etc... peuvent être intégrés avec succès dans les vecteurs d'attributs utilisés pour caractériser les régions.

IX.7. DESCRIPTION DES CONTOURS

Il existe plusieurs représentations équivalentes du contour d'une région à partir desquelles on peut extraire des attributs morphologiques caractéristiques du profil ou de la silhouette de cette région.

IX.7.1. Signature polaire

Le contour C d'une région R peut être représenté en utilisant un système de coordonnées polaires avec pour origine le centre de gravité de la région ou du contour /9/. La courbe représentant les variations du module du rayon ρ en fonction de sa direction Θ par rapport à un axe de référence s'appelle la *signature polaire* de la région R . (cf. Figure IX.11(a) et (b))

Invariante par translation, cette représentation est sensible aux rotations. La comparaison d'une signature polaire inconnue à une signature de référence est de ce fait souvent réalisée en recherchant le maximum de corrélation entre les deux courbes. On peut toutefois pallier cet inconvénient en prenant pour axe de référence l'axe principal d'inertie de la région.

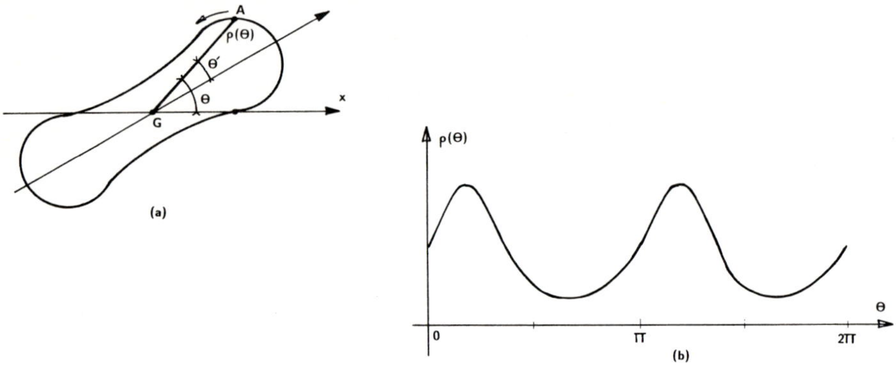

Figure IX.11. : Signature polaire d'une région.
(a) Principe de calcul
(b) Signature

La fonction $\rho(\Theta)$ est périodique, de période 2π . Sa Transformée de Fourier est de la forme :

$$\rho(\Theta) = a_0 + \sum_{n=1}^{\infty} (a_n \cos n\,\Theta + b_n \sin n\,\Theta)$$

En général, la forme du contour est bien décrite en limitant cette série à ses premiers termes. En ne conservant que N termes, les paramètres :

$$A_0 = a_0$$

$$A_n = a_n^2 + b_n^2 \quad , \quad n = 1,2,...., N$$

constituent un ensemble d'attributs morphologiques reflétant la taille et la forme du contour.

Quand l'image d'un objet est agrandie ou réduite dans un rapport α en utilisant, par exemple, un objectif à focale variable ou en modifiant la distance objet-caméra, on peut admettre que les relations angulaires sont préservées et que seules les amplitudes des rayons sont affectées par ce rapport α . En normalisant les coefficients A_0, A_1, A_2, ..., A_N par rapport au rayon ρ_0 d'un cercle de même surface que la surface s de la région, on obtient une série d'attributs invariants vis à vis de α :

$$B_0 = A_0/\rho_0$$

$$B_n = A_n/\rho_0^2 \quad , \ n = 1, 2, ..., N$$

Le rayon équivalent ρ_0 est défini par :

$$s = \Pi\rho_0^2 = \int_0^{2\Pi}\int_0^{\rho(\Theta)} \rho d\rho d\Theta$$

$$s = \Pi\left[a_0^2 + 1/2 \sum_{n=1}^{\infty} (a_n^2 + b_n^2)\right]$$

IX.7.2. Description par la pente des tangentes au contour

La signature polaire ne permet pas de décrire des formes complexes présentant plusieurs valeurs du rayon ρ pour une même valeur de l'angle Θ (cf figure IX.12).

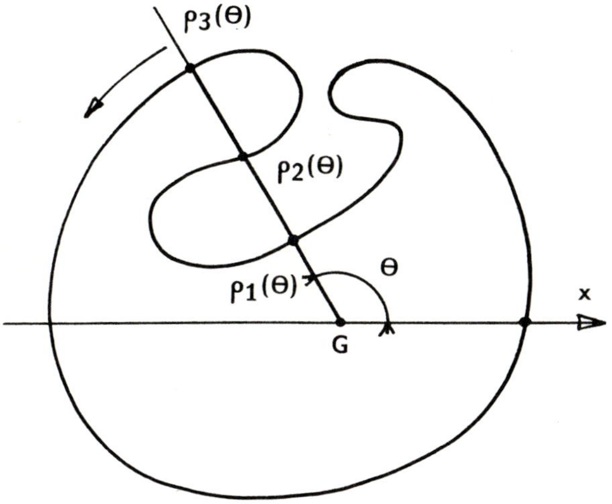

Figure IX.12. : Rayon polaire multivalué.

Pour pallier cet inconvénient, on peut représenter les variations du rayon ρ en fonction de l'abscisse curviligne de son extrémité sur le contour. C'est également pour résoudre les problèmes causés par les valeurs multiples de la fonction que l'on considère la courbe représentant les variations de la pente du contour en fonction de l'abscisse curviligne du point considéré. Cette courbe peut être interprétée comme une version continue du codage du contour par chaîne numérique. On note $\varphi(l)$ l'angle entre une direction fixe et la tangente au point de contour d'abscisse curviligne l (cf. Figure IX.13.).

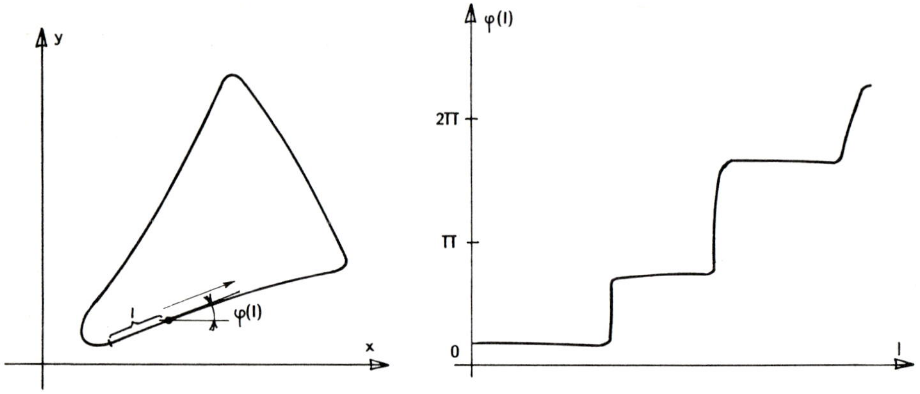

Figure IX.13. : Variations de la pente d'un contour en fonction de l'abscisse curviligne.

Afin d'éviter la croissance de l'angle φ en parcourant le contour C de périmètre p , on considère la courbe :

$$\psi(l) = \varphi(l) - 2\,\Pi\, l/p$$

En posant :

$$t = 2\,\Pi\, l/p$$

on peut décrire le contour par la fonction :

$$\psi^*(t) = \varphi^*(t) - t$$

avec :

$$\varphi^*(2\,\Pi\, l/p) = \varphi(l)$$

Les premiers termes du développement en série de Fourier de la fonction périodique $\psi^*(t)$:

$$\psi^*(t) = a_0 + \sum_{n=1}^{\infty} (a_n \cos n\,\Theta + b_n \sin n\,\Theta)$$

avec :

$$a_0 = 1/2\Pi \int_0^{2\Pi} \psi^*(t)\, dt$$

$$a_n = 1/\Pi \int_0^{2\Pi} \psi^*(t) \cos nt\, dt \quad , \quad n = 1,2, \ldots$$

$$b_n = 1/\Pi \int_0^{2\Pi} \psi^*(t) \sin nt\, dt \quad , \quad n = 1,2, \ldots$$

fournissent des attributs morphologiques invariants par rotation et translation du contour C /10/.

Lorsque le contour obtenu par la procédure de segmenttion est bruité, on a intérêt à le modéliser localement par une fonction analytique afin de calculer des pentes significatives. Des fonctions polynomiales se prêtent bien au calcul et donnent de bons résultats /11/.

IX.7.3. Description par la courbure du contour

On peut décrire un contour en définissant sa courbure en tout point en fonction de l'abscisse curviligne. Cette représentation est également invariante en rotation et en translation.

La courbure $\gamma(l)$ est définie par :

$$\gamma(l) = d\,\varphi(l)/dl$$

Comme pour le calcul de la pente de contour, on a aussi intérêt à modéliser localement la frontière de la région pour en déterminer la courbure. On utilise en général des polynomes d'ordre plus élevé que dans le cas précédent et les fonctions splines assurent une bonne immunité au bruit /12/.

La courbe $\gamma(l)$, $l \in [o,p]$, peut être utilisée telle quelle pour caractériser un contour. Une pratique courante consiste cependant à la développer en série de Fourier et à retenir les premiers termes du développement comme attributs morphologiques.

IX.8. RECONNAISSANCE DES FORMES ET THEORIE DE LA DECISION

Les différents attributs morphologiques présentés dans ce chapitre ne constituent qu'une fraction des innombrables possibilités offertes à l'analyste pour caractériser les régions mises en évidence par les procédures de segmentation /13/. Des descriptions basées sur d'autres propriétés, telles la présence de trous, la mise en évidence de points singuliers /14/ ou d'irrégularités prononcées /15,16/, l'analyse du squelette /17/, peuvent être utilisées avec profit. L'analyste ne doit pas non plus hésiter à mettre en oeuvre des procédures basées sur des attributs beaucoup moins généraux mais mieux adaptés au type de forme à analyser.

La caractérisation de l'image d'un objet par un vecteur d'attributs, ou observation, permet d'envisager sa reconnaissance automatique dans le cadre de la théorie de la décision. Selon que l'on dispose ou non, a priori, d'objets représentatifs de chacune des catégories, le problème de la reconnaissance se trouve posé en termes de classement ou de classification.

L'exemple du tri automatique des graines de semence a été présenté sur la base d'une phase d'apprentissage au cours de laquelle on détermine les propriétés statistiques de la distribution des observations associées à chaque type de graine à reconnaître. Les procédures de classement exposées au Chapitre IV peuvent alors être mises en oeuvre pour assurer un taux d'erreur de reconnaissance optimum au sens de la théorie de la décision.

Dans l'hypothèse où on désirerait analyser *l'homogénéité* d'un lot de graines sans aucune connaissance a priori sur les caractéristiques des éléments du lot, il faudrait faire appel à une procédure de classification automatique. Celle-ci permettrait de mettre en évidence différents groupements d'observations dans l'espace des attributs qui correspondraient à autant de types de graines présentes dans le lot analysé.

Cet exemple simple illustre deux types de démarches associées aux procédures de reconnaissance des formes non syntaxiques. Elles permettent de reconnaître des objets en les assignant à des classes identifiées par apprentissage préalable, ou découvertes au cours de l'analyse. Cet exemple met également concrètement en évidence le rôle fondamental joué par la théorie de la décision dans la chaîne de traitement de l'information qui conduit, par des étapes simplificatrices successives, de l'image numérique à la reconnaissance des objets présents dans le champ de la caméra en minimisant le risque d'erreur associé à chaque décision.

BIBLIOGRAPHIE

/1/ PAVLIDIS, T
Filling algorithms for raster graphics
Report 238, Princeton Univ., N.J., 1978

/2/ DISTANTE A. and VENEZIANI N.
A two-pass filling algorithm for raster graphics
Computer Graphics and Image Processing, Vol. 20, pp 288-295, 1985

/3/ DUDANI, S.A.
Region extraction using boundary following in Pattern Recognition and Artificial Intelligence, Chen, C.H., Ed., Academic Press, N.Y., pp 216-232, 1976

/4/ AMEZIANE, M. et POSTAIRE, J.G.
Etiquetage dynamique pour l'extraction de regions par suivi de contour
IASTED Int. Symp. on Identification and Pattern Recognition, Toulouse, France, 1986

/5/ BALARD, D.H. and BROWN C.M.
Computer Vision
Prentice Hall, Inc., Englewood Cliffs, N.J., 1982

/6/ FREEMAN, H.
Computer processing of line drawing images
Computer surveys, Vol. 6, n 1, pp 57-98, 1974

/7/ ALT,-F.L.
Digital pattern recognition by moments
Journal A.C.M., Vol. 9, pp 240-258, 1962

/8/ HU, M.K.
Visual pattern recognition by moment invariants
IRE Trans. on Info. Theory Vol. IT-8, pp 179-187, 1962

/9/ LAURGEAU, C. et PARENT, M.
Les machines de vision en productique
E.T.A. Strasbourg, p 271, 1985

/10/ ZAHN, C.T. and ROSKIES, R.Z.
Fourier descriptions of plane closed curves
IEEE Trans on Computers, Vol. C-21, pp 269-281, 1972

/11/ BARNHILL, R.E. and RIESENFELD, R.F.
Computer aided computer design
Academic Press, New-York, 1974

/12/ DEBOOR, C.
A practical guide to splines
Springer-Verlag, New-York, 1978

/13/ PAVLIDIS, T.
A review of algorithms for shape analysis
Computer Graphics and Image Processing, Vol. 7, pp 243-258, 1978

/14/ ZAHN, C.T.
A formal description of two-dimensional patterns
Proc. Int. Joint Conf. on Artificial Intelligence, pp 621-628, 1969

/15/ SKLANSKY, J. ; CORDELLA, L.P. and LEVIALDI, S.
Parallel detection of concavities in cellular blobs
IEEE Trans. on Computers, Vol. C-25, pp 187-196, 1976

/16/ FREEMAN, H. and SHAPIRA, R.
Determining the minimum-area encasing rectangle for an arbitrary closed curve
Comm. A.C.M., Vol. 18, pp 409-413, 1975

/17/ MONTANARI, U.
Continuous skeleton from digitized images
Journal of A.C.M., Vol. 16, pp 534-549, 1969

J.G.POSTAIRE : voir p.16 (collision avoidance), p.168 (contour
p.97 (cluster analysis), p.116 (classification automatique)

INDEX

Agrégation, 27, 111

Apprentissage, 28, 74, 180

Approximation des
- domaines modaux, 105
- fonctions de densité, 107
- matrices de covariance, 105, 108
- probabilités a priori, 109
- vecteurs-moyenne, 108

Attributs
- de forme, 10, 164, 179
- (Espace des), 29, 45
- (Plan des), 24, 25
- (Sélection des), 28, 118
- (Vecteur des), 24, 43, 80, 118

Bayes (Règle de), 41, 45

Capteur
- à matrice d'éléments photosensibles, 5
- à tube photosensible, 6

Chaînage, 92, 120

Classe, 39, 108

Classement, 28, 29, 33, 63, 74

Classification, 33, 80, 86, 99, 110
- optimale, 107, 110, 111
- par recherche des groupements, 86, 93, 94

Codage, 169

Compacité, 165, 170, 171

Compatibilité, 134, 135

Concave, 82, 87, 90

Connexité, 31, 120

Contours
- (Codage des), 169
- (Courbure des), 179
- (Reconstitution des), 131
- (Suivi de), 168

Contraste, 150

Convergence d'un estimateur, 66, 69, 71, 73, 84

Convexe, 87

Convexité, 88, 90, 94, 100, 108

Couleur, 121

Courbure, 179

Covariance (Matrice de), 58, 62, 101, 105

Décision
- (Domaine de), 29, 30, 49
- (Surface de), 29, 48
- (Théorie de la), 39, 179

Densité (Fonction de), 31, 40, 56, 57, 79, 101, 106

Dérivée, 124

Détection
- des contours, 118, 122
- des défauts, 79
- des modes, 81, 86, 91, 94, 111

Directions principales, 58, 101, 105

Discrétisation, 67, 91, 93, 111, 119

Distance focale, 4

Domaine
- de concavité, 101, 104
- de décision, 29, 30, 49
- d'observation, 73, 87
- de référence, 72, 87
- modal, 29, 30, 49, 103, 108

Ecart-type, 57

Echantillon, 26

Elongation, 171

Energie des textures, 145, 147

Entropie, 151

Equidensité (Lignes d'), 59

Erreur
- (Probabilité d'), 42, 51
- (Risque d'), 25, 35, 63
- (Taux d'), 26, 31, 53, 111

Espérance mathématique, 56, 58

Estimateur
- Méthode du noyau, 68, 70, 88, 89, 92
- Méthode des T_M plus proches voisins, 68, 72, 80, 89, 94

Estimation
- d'une focntion de densité, 60, 65
- de la matrice de covriance, 63
- du vecteur moyenne, 62

Etiquetage probabiliste, 132, 133

Fonction
- caractéristique, 167
- de densité normale, 56, 57, 101, 106
- de densité de probabilité, 31, 79
- de densité de probabilité conditionnelle, 40, 106
- discriminante, 47, 63, 111
- image, 5
- image caractéristique, 174
- image couleur, 121

Fourier (Transformation de), 145, 146

Fréquences relatives (Matrice des), 149

Gaussien : voir Normal

Gradient, 60
- d'une fonction de densité, 83, 85
- d'une fonction image, 124, 137
- lissé, 128
- isotropique, 129

Groupements (Recherche des), 86, 93, 94

Hétérogénéité, 149

Histogramme
- des compacités, 166
- des différences d'images, 154
- des niveaux de gris, 22
- des surfaces, 166
- des mesures de texture, 24

Hypercubes, 91
- à convexité positive/négative, 91, 92, 103, 111

Hyperellipsoïde, 58, 101, 108, 111

Image
- analogique, 8
- binaire, 10, 11
- numérique, 8
- (Gradient d'une), 126

Inertie, 151, 172

Inverse de la matrice de covariance, 101, 1C

Inspection automatique, 77

Intensité lumineuse, 5

Lecture automatique, 9

Lissage, 127, 128

Maximum
- de vraisemblance, 60, 63
- d'une fonction de densité, 82, 83

Mélange
- de composantes, 44
- de fonctions de densité, 42
- Normal (ou Gaussien), 100, 106, 107

Mode (Détection des), 79, 81, 86, 87, 91, 94, 111

Modèle
- auto-regressif, 153, 154
- des domaines modaux, 104, 108

Moments, 155, 173

Moyenne, 56, 158

Multiclasse, 43

Multidimensionnel, 43

Niveau de gris, 5, 7, 21, 22, 78, 118, 137, 148, 156

Non paramètrique, 64, 65, 77

Normale (Fonction de densité), 56, 57, 101, 106

Normalisation, 91

Noyau
- d'une classe, 93,
- d'un estimateur, 69, 84
- (Méthode du), 68, 70, 88, 89, 92

Observation, 24, 43, 74, 79, 167

Optimal
- (Classement), 63, 74
- (Classification), 107, 110, 111

Paramètrique, 56, 99

Pénalisation
- diagonale, 46, 50
- symétrique, 44, 45, 50
- totale, 44

Périmètre, 170

Point
- de transition, 123, 130
- image, 4, 118

Plan
- des attributs, 24, 25
- image, 4

Plus proches voisins, 68, 72, 80, 89, 94

Probabilité
- a posteriori, 42, 74, 109
- a priori, 40, 64, 74, 106, 109
- d'erreur, 42, 51

Probabiliste (Etiquetage), 132, 133

Prototype, 24, 60, 63, 74, 99

Qualité (Contrôle de), 19, 77

Reconnaissance des formes, 9, 12, 32, 163, 179

Région
- (Reconstitution d'une), 31, 118, 119
- connexe, 120, 163

Relaxation : voir Etiquage

Réseau, 6, 91, 108

Risque d'erreur, 25, 35, 63, 118

Segmentation, 16, 31, 117, 120

Seuil, 17, 19

Signature polaire, 175

Surface, 165, 170
- de décision, 29, 48

Taux d'erreur, 26, 31, 53, 111

Texture, 24, 79, 143

Tri automatique, 164

Valeur propre, 58, 101

Variance, 57, 158

Variation totalte, 157

Vecteur
- des attributs, 24, 43, 74, 80
- moyenne, 58, 62, 101
- propre, 101, 104

Voisin (Méthode des plus proches), 68, 72, 80, 89, 94

Voisinage, 119

Vraisemblance, 60
- (Maximum de), 60, 63

Aubin Imprimeur
LIGUGÉ, POITIERS

Achevé d'imprimer en mars 1987
N° d'impression L 23048
Dépôt légal, mars 1987
Imprimé en France

OUVRAGES GÉNÉRAUX

Ainsi naquit l'informatique ; R. Moreau
Principe des ordinateurs ; P. de Miribel
Emploi des ordinateurs ; J.C. Faure
Aide-mémoire d'informatique ; Ch. Berthet
Let's talk D.P. : lexique d'informatique ; J.P. Drieux et A. Jarlaud
D.P. words : dictionnaire d'informatique anglais-français, français-anglais ; G. Fehlmann
La sécurité informatique : approche méthodologique ; J.M. Lamère
La sécurité des réseaux : méthodes et techniques ; J.M. Lamère, J. Tourly et Y. Leroux

ALGORITHMIQUE, PROGRAMMATION

Initiation à l'analyse et à la programmation ; J.P. Laurent
Exercices commentés d'analyse et de programmation; J.P. Laurent et J. Ayel
Les bases de la programmation ; J. Arsac
Raisonner pour programmer ; A. Gram
Proverbes de programmation ; H.F. Ledgard
Programmation, tomes 1 et 2 ; A. Ducrin
Théorie des programmes ; C. Livercy
Synchronisation de programmes parallèles ; F. André, D. Herman et J.P. Verjus
Algorithmique ; P. Berlioux et Ph.Bizard
Algorithmique du parallélisme ; M. Raynal
Initiation à l'algorithmique et aux structures de données ; J. Courtin et I. Kowarski

LANGAGES

La programmation en assembleur ; J. Rivière
Exercices d'assembleur et de macro-assembleur ; J. Rivière
Basic : programmation de micro-ordinateurs ; A. Checroun
Introduction à A.P.L. ; S. Pommier
Cobol : initiation et pratique ; M. Barès et H. Ducasse
Fortran IV ; M. Dreyfus
La pratique du Fortran ; M. Dreyfus et C. Gangloff
Fortran structuré et méthodes numériques ; S. Faroult et D. Simon
Le langage de programmation PL/1 ; Ch. Berthet
Le langage ADA : manuel d'évaluation ; D. Le Verrand
Prolog : fondements et applications ; M. Condillac
Pascal ISO/AFNOR : programmation déductive et description de la norme ; A. Tisserant

APPLICATIONS DE L'INFORMATIQUE

Base de données : méthodes pratiques sur maxi et mini-ordinateurs ; D. Martin
Techniques avancées pour bases de données ; D. Martin
Bases de données et systèmes relationnels ; C. Delobel et M. Adiba

Bases d'informations généralisées ; C. Chrisment, J.B. Crampes et G. Zurfluh
Les fichiers ; C. Jouffroy et C. Létang
Les systèmes d'information : analyse et conception ; Galacsi
Comprendre les systèmes d'information ; Galacsi
Systèmes informatiques répartis ; Cornafion
Systèmes d'exploitation des ordinateurs ; Crocus
Principes des systèmes d'exploitation des ordinateurs ; S. Krakowiak
Téléinformatique ; C. Macchi et J.F. Guilbert
Synthèse d'image : algorithmes élémentaires ; G. Hégron
Graphes, algorithmes et logiciels ; M. Minoux et G. Bartnik
De l'image à la décision : analyse des images numériques et théorie de la décision ; J. G. Postaire

MICRO-INFORMATIQUE ET MICROPROCESSEURS

Micro-informatique : architecture, interfaces et logiciels ; J.D. Nicoud
Introduction aux microprocesseurs et aux micro-ordinateurs ; C. Pariot
Microprocesseurs : du 6800 au 6809, modes d'interfaçage ; G. Révellin
Interfaçage des microprocesseurs ; M. Robin et T. Maurin

INFORMATIQUE DE GESTION

Informatique de gestion : théorie, techniques, Cobol, pratique professionnelle ; Ch. Berthet
Merise : méthode de conception ; A. Collongues, J. Hugues et B. Laroche
Analyse organique, tomes 1 et 2 ; C. Cochet et A. Galliot

MICRO-INFORMATIQUE PROFESSIONNELLE

Systèmes d'exploitation des micro-ordinateurs ; M. Courvoisier et R. Valette
Systèmes d'exploitation des IBM PC : DOS 1.1, 2.0, 2.1, 3.0, 3.1/PC-IX, XENIX ; G. Fodor, D. Bonifas et G. Tanguy
IBM PC : du laboratoire à l'industrie : PC XT, AT, RT, ES, interfaces, liaisons, adaptations ; G. Apruzzese et C. Frauly
Progiciels de comptabilité : guide de choix et de mise en œuvre ; CXP (Centre d'information des utilisateurs de progiciels)
Progiciels de paie et gestion du personnel : guide de choix et de mise en œuvre ; CXP (Centre d'information des utilisateurs de progiciels)
Lotus 1.2.3 : tables de références pour IBM PC et compatibles ; L. Laplante
Logo pour Apple : tables de références ; L. Laplante
Standards, style et exercices en C ; M. de Champlain
Basic microsoft et Basic ANSI ; M. Maiman
Le Basic bien programmé ; A.P. Stephenson
Les bus ; E.C. Poe et J.C. Goodwin
Le fonctionnement des microprocesseurs ; C.M. Gilmore
La programmation du 6502 ; A.P. Stephenson
Mathématiques pour micro-informatique ; W. Barden
Micro-informatique de gestion ; G. Guérin